Lo que la gente dice

"¿Deberías leer este libro. Si te puedes identificar con las siguientes situaciones, definitivamente querrás sumergirte en el sondeo del alma que hace Richard Simmons en La Verdadera Medida de un Hombre: Estás cansado, has perdido el rumbo, o nunca lo has encontrado. Has sido humillado, se ha derrumbado tu confianza y todo ha sido puesto de cabeza. Quieres saber cómo te desviaste, retomar el rumbo, y descifrar lo que realmente importa. Quieres rendirte a la verdad y estás cansado de vivir una mentira. Sin embargo, si tú todavía piensas que eres más inteligente que todos los demás, simplemente no lo entenderías. Este es un libro que planeo leer otra vez".

—Dr. Patrick Morley, autor de The Man in the Mirror ("El hombre en el espejo"), y How to Survive the Economic Meltdown ("Cómo Sobrevivir al Colapso Económico").

"La Verdadera Medida de un Hombre es un libro que desearía haber escrito, lo cual es el mejor cumplido que le puedo hacer a cualquier libro. Es lo que yo llamaría una gran lectura – tanto accesible como profunda – en su comprensión de las fuerzas interiores que conforman la psicología masculina a medida que un hombre pasa de la mediana edad a, con suerte, una segunda temporada productiva y satisfactoria".

—Bob Buford, fundador y presidente de Leadership Network ("Red de liderazgo"), autor de Halftime (Medio Tiempo), y Finishing Well (Terminando Bien)

"La Verdadera Medida de un Hombre es un libro para todo hombre de cualquier fe o sin ninguna fe. Aprenderá por qué no tiene que vivir con la culpa, inseguridad y temor que la mayoría de los hombres experimentan, pero que a menudo fingen no tener".

—Fred Barnes, editor ejecutivo, Weekly Standard (Semanario Estándar), y colaborador/comentarista habitual del canal de noticias de la cadena FOX.

"Como entrenador, siempre he deseado ayudar a moldear el carácter de jugadores jóvenes. Después, esa carga se extendió hacia los hombres en general a través de *Promise Keepers* (Guardianes de la Promesa). *La Verdadera Medida de un Hombre* captura la importancia del carácter por encima de los logros. Conecta los puntos para aquellos hombres que están buscando algo más en sus vidas que el simple éxito. Recomiendo este libro a hombres en cualquier etapa de sus vidas".

—*Entrenador Bill McCartney, fundador de Promise Keepers (Guardianes de la Promesa), y autor de* Two Minute Warning (Advertencia de Dos Minutos).

"El libro de Richard E. Simmons III *La Verdadera Medida de un Hombre*, está lleno de sentido común y practicidad. Es especialmente conmovedor y significativo en un tiempo tan crítico en nuestro país. Que todos lleguemos a conocer la gracia de Dios, para que Él pueda enseñarnos humildad y bondad a todos".

—*Ben Crenshaw, leyenda del golf y dos veces ganador del Masters Tournament ("Torneo de Maestros").*

La Verdadera Medida de un Hombre es un desafío creíble y provocador a la sabiduría convencional del sistema de valores del hombre moderno. Richard Simmons nos da una imagen clara de cómo nos engañamos a nosotros mismos y confiamos falsamente en nuestros propios logros para establecer nuestra identidad y nuestro valor. Y sabiamente advierte que ¡estamos en un territorio traicionero! Afortunadamente, brinda una guía explícita para un curso liberador y transformador para una vida llena de esperanza y satisfacción. ¡Esta es una obra inspiracional y edificante!

– *Claude B. Nielsen, presidente y director general, de Coca-Cola Bottling Co. United.*

"El libro de Richard Simmons *La Verdadera Medida de un Hombre*, proporciona respuestas inspiradoras y poderosas a tantos de los desafíos que los hombres enfrentan en el mundo de hoy. Ayuda a los hombres a

entender mejor las fuerzas que los impulsan y nos provee de un marco para lidiar con los asuntos que no podemos y no debemos evitar. Al final, nos proporciona una visión de ¡la clase de hombres en los que nos podemos convertir! La sabiduría perdurable de Simmons es una lectura obligada y debe ser compartida de generación a generación".
—*Lee Styslinger III, presidente y director ejecutivo de Altec, Inc.*

"La vida inevitablemente nos presenta desafíos difíciles, a menudo como consecuencia de las expectativas poco saludables y poco realistas que nos imponemos a nosotros mismos y a los demás... *La Verdadera Medida de un Hombre* de Richard Simmons presenta vívidamente las tensiones y trampas que cada uno de nosotros debe enfrentar en una base recurrente y enseña magistralmente lo que realmente importa. Es una lectura convincente, tanto que lo leí dos veces".
—*W. Stancil Starnes, presidente y director ejecutivo de ProAssurance Corp.*

"El libro de Richard *La Verdadera Medida de un Hombre*, proporciona respuestas a las preguntas más profundas de los hombres y les ayuda a comprender lo que sienten a medida que atraviesan las tormentas de la vida. Nos señala una vida de contentamiento que solo se puede encontrar en el Señor. Creo que todo hombre debería leer este libro".
—*Pat Sullivan, ganador del Trofeo Heisman, entrenador principal de fútbol americano, Samford Univ.*

"Richard Simmons conoce los corazones y habla el idioma de los líderes empresariales de hoy. Su mensaje acerca de la bondad amorosa de Dios y nuestra necesidad de autoexamen, propósito y contentamiento, es profundo. Es un mensaje atemporal pero aún más apremiante durante tiempos desafiantes".
—*Dr. Rob Pearigen, presidente, Millsaps College.*

"*La Verdadera Medida de un Hombre* es un libro oportuno. He visto a muchos hombres pasar por momentos difíciles en los últimos años. Creo que una de las necesidades más críticas para un hombre en tiempos de

dificultades económicas es la sabiduría. Richard proporciona una visión poderosa sobre cómo responder a las tormentas de la vida, y de dónde debe sacar un hombre su verdadera identidad. ¡Es un libro con mucho sentido!
—*Miller Gorrie, presidente y director ejecutivo, Brasfield & Gorrie Construction.*

"En *La Verdadera Medida de un Hombre*, Richard Simmons reúne una amplia variedad de historias atractivas, ilustraciones, citas y pasajes de las Escrituras, y transmite un mensaje atemporal que los hombres necesitan desesperadamente escuchar".
—*Danny Wuerffel, ganador del Trofeo Heisman.*

"Richard Simmons conoce a los hombres y conoce el Evangelio. *La Verdadera Medida de un Hombre* es una presentación magistral de la verdad del Evangelio para nosotros, los hombres que somos demasiado propensos a buscar nuestra identidad en la riqueza y los logros en lugar de Jesucristo. Simmons muestra con perspicacia convincente que el llamado de Cristo proporciona la verdadera medida de cada hombre".
—*Drayton Nabers Jr., ex presidente del Tribunal Supremo de Alabama.*

"A la mayoría de los hombres se les ha dicho a lo largo de su vida: 'sé un hombre'. La lengua popular de hoy dice: '¡hágase hombre!'. Pero la mayoría de la gente no tiene idea de lo que eso significa. Richard Simmons aborda el tema de cómo medir nuestra masculinidad. Nos ayuda a descubrir de una manera clara y poderosa lo que nos hace sentir como un hombre, lucir como un hombre y ser un hombre real. Tendrás el poder de experimentar alegría y contentamiento al leer *La Verdadera Medida de un Hombre*".
—*Dr. Cliff Self, Ministerios Man Up, autor de* Man Up, Release the Champion in You *("Se Valiente, Libera al Campeón en Ti").*

"Richard Simmons me ha inspirado a mí y a mi caminar cristiano durante años. Estaba ansioso por leer su libro *La Verdadera Medida de un*

Hombre y lo disfruté inmensamente. Llega directamente al corazón de lo que es verdaderamente importante en la vida. A medida que todos nos esforzamos por vivir vidas exitosas, el mensaje de Richard sobre vivir una vida significativa fue inspirador para mí".
—*Joe Dean Jr., Director de Atletismo, Birmingham-Southern College.*

"Este es un gran libro para hombres, especialmente para aquellos que quieren entender lo que los impulsa a tener éxito. Realmente es un libro que tuvo un impacto positivo en mi vida".
—*Joey Jones, entrenador principal de fútbol, University of South Alabama.*

"Se han escrito muchos libros sobre el éxito. El éxito, así como la riqueza, tiene muchas definiciones. La mejor forma de medir el éxito es a nivel personal. El libro de Richard Simmons *La Verdadera Medida de un Hombre.* nos desafía a entablar una relación más personal con Jesucristo. Al leer este libro, sin importar dónde se encuentre en su caminar con el Señor, despertará un deseo de amarlo más – de conocerlo verdaderamente –. Esta es una lectura obligada para estos tiempos".
—*Heeth Varnedoe III, presidente retirado y director de operaciones de Flowers Foods.*

"Hay un viejo refrán de los Apalaches que se deriva de un juego popular. Si lo has hecho bien, 'has sacudido el trapo del arbusto' que quiere decir, 'has sobresalido más allá de cualquier cosa'. Richard Simmons 'ha sobresalido más allá' con *La Verdadera Medida de un Hombre*. Este trabajo está tan lleno de conocimientos prácticos sobre la vida y la muerte que debería distribuirse como un manual del propietario, a todos los hombres mayores de treinta años".
—*Barry M. Buxton, presidente, Less-McRae College.*

"¡Este es un libro increíble! Se lo recomiendo a todos los hombres"!
—*Jay Barker, exjugador profesional de fútbol americano, comentarista deportivo radial.*

"*La Verdadera Medida de un Hombre* de Richard Simmons es una mirada honesta y transparente a los hombres y al siempre cambiante panorama de los problemas que rodean nuestras vidas. El libro abarca anécdotas terrenales y relacionales que nos permiten tomar la medida de nuestras vidas y reflexionar sobre nuestro caminar espiritual y nuestra vida. Disfruta de *La Verdadera Medida de un Hombre* y compártelo con otros".
—*Rvdo. B. J. Weber, presidente de New York Fellowship, y capellán de los Yankees de Nueva York (1991–2003).*

LA VERDADERA MEDIDA DE UN HOMBRE

LA VERDADERA MEDIDA DE UN HOMBRE

Cómo las Percepciones de Éxito,
Desempeño y Reconocimiento Fallan a los
Hombres en Tiempos Difíciles

RICHARD E. SIMMONS III

UNION HILL
PUBLISHING

La Verdadera Medida de un Hombre

Titulo original en inglés
The True Measure of a Man
Copyright © 2022 por Richard E. Simmons III
Todos los derechos reservados.
Este libro está protegido por las leyes de derechos de autor de los Estados Unidos de América. Este libro no puede ser copiado o reimpreso con fines comerciales o lucrativos.
Union Hill es el sello editorial de los libros de The Center for Executive Leadership, una organización sin fines de lucro 501 (c) 3

Segunda edición 2023 por:
Beatriz Aldana Hegg
Omar David Calderon Merino

Traducción:
Beatriz Aldana Hegg
Ixtoc González Márquez
Norma Rojas Valdez
Omar David Calderón Merino

Union Hill Publishing
200 Union Hill Drive, Suite 100
Birmingham, AL 35209
www.richardsimmons3.com
2 3 4 5 6 7 8 9 10
Impreso en Los Estados Unidos de América

◆

A mi Padre; mi Héroe
Richard E. Simmons Jr.
3/10/28 – 11/21/08

ÍNDICE

Prólogo — xv
Prefacio — xvii

PARTE I. ¿QUÉ PENSARÁN DE MÍ? — 1
1. La Persona — 3
2. Después de Todo, la Vida es Difícil — 9

PARTE II. LIBRE PARA ELEGIR — 19
3. La Identidad de un Hombre — 21
4. El Coraje de un Hombre — 45
5. La Verdad de un Hombre — 66

PARTE III. UNA VIDA BIEN VIVIDA — 93
6. La Mayor Paradoja de la Vida — 95
7. Una Vida de Contentamiento — 118
8. Una Esperanza Tangible — 134

Epílogo — 143
    Al Final Todo Cuenta — 143
Bibliografía — 151

PRÓLOGO

He estado hablando, aconsejando y enseñando a hombres por más de treinta años. He trabajado con hombres de negocios, líderes, vaqueros, prisioneros, atletas y entrenadores de la NFL, militares desde soldados rasos hasta generales, educados, desertores, todas las edades, todos los ámbitos de la vida. ¿Sabes qué? En el fondo... ¡Todos somos iguales!

Richard Simmons lo entiende y lo expone en este libro mejor que cualquier otro libro que haya leído. Todo hombre al que le he dado este libro, lo ha leído y luego quiere comprar más para dárselos a sus amigos. ¡De verdad, los hombres no hacen eso! Un hombre del University Club Washington me dijo que lo había leído cinco veces. ¡Nunca he visto que eso suceda! A los hombres simplemente les llega este libro. Sienten que están leyendo sobre sí mismos.

Esto es lo que escucho de los hombres todo el tiempo. Luchan con sentimientos de: 1) inseguridad, 2) insuficiencia, 3) aislamiento, 4) soledad y 5) miedo mezclado con ansiedad. ¿Por qué? Tienen los sueños equivocados — completamente equivocados — y no saben quiénes son.

Recientemente leí partes del libro de Richard en un salón de eventos repleto en el Hotel Hilton. Era un desayuno para profesionales de negocios. Asistieron setecientos hombres. Mientras leía las palabras de Richard describiendo los relatos de la vida real de los hombres que se ven sacudidos por la dura realidad de la vida,

La Verdadera Medida de un Hombre

vi a la gente en ese salón de eventos sentada inmóvil y fascinada. Era su historia, y todos lo sabían.

Es desgarrador ver a los hombres desperdiciar toda su vida tratando de convencer a otras personas de que son alguien que no son. Esta es la razón por la que las almas de los hombres no crecen poderosas en espíritu y valor. Pasan su existencia escondiéndose y viviendo con miedo de que algún día serán descubiertos como un fraude. Hay una voz dentro de ellos que les dice que a pesar de todos los adornos que coleccionan en la vida, todavía no están a la altura. Los resultados son una tensión de por vida con culpa, vergüenza y ansiedad.

Por eso este libro es dinamita. Richard les dice a los hombres quiénes son en realidad. Él les da lo que necesitan para finalmente "entenderlo". Un general del Pentágono me dijo con una pasión entristecida: "¡Jerry, lo que podría haber hecho por mis hombres si tan solo hubiera sabido todo esto antes!".

Siempre se ha entendido que en tiempos de crisis Dios espera que Sus hombres sean los valientes con los que otros puedan contar. Bien, estamos en una crisis. ¿Dónde están todos los hombres valientes?

Si deseas que tus brazos se fortalezcan y tu corazón se torne más valiente, lee este libro con una pluma en mano. Subraya las partes que hablan a tu vida. Anímate y compra más libros y ponlos en manos de otros hombres que son importantes para ti.

Para mí personalmente, este libro ha sido uno de los grandes regalos que he recibido de la mano de Dios a través de la mente y el corazón de Richard Simmons.

— *Jerry Leachman, Capellán de los Pieles Rojas de*
Washington (1995-2007)
Septiembre 2010
Washington, D. C.

PREFACIO

La Verdadera Medida de un Hombre, resultó cuando me sugirieron que escribiera un libro para hombres basado en una serie de pláticas que había dado a grandes grupos de hombres de negocios en 2009. Estas pláticas se enfocaron en cuán difícil es enfrentar los desafíos económicos en nuestras vidas a la luz de las recientes dificultades económicas que el mundo entero ha estado experimentando. La comunidad de empresarios con los que he hablado sobre este tema, me instó encarecidamente a seguir adelante con este proyecto.

El propósito de este libro, entonces, es ayudarnos a los hombres a comprender que, si vamos a ser personas saludables, vibrantes, debemos aceptar la realidad de que no somos los amos del universo. Nos interesa admitir que efectivamente tenemos ciertas deficiencias y debilidades.

En mis esfuerzos para comunicar la verdad y la sabiduría a los demás en mis conferencias, he moldeado mi estilo al del apóstol Pablo, cuando dictó su famoso discurso en Atenas, Grecia (Hechos 17). Para llamar la atención de paganos, pensadores e intelectuales, Pablo citó a sus propios poetas y filósofos a fin de que pudieran entender mejor la verdad espiritual que él trataba de transmitirles.

Realmente creo que estamos viviendo tiempos sin precedentes y cuando miramos hacia el futuro, hay gran incertidumbre. La vida es bastante aterradora para muchos de nosotros. De hecho, no hay ningún hombre, que yo conozca, que no esté pensando en lo que se viene y cómo impactará esto a él y a su familia.

Todos sabemos en nuestros corazones, que hay muchos hombres viviendo solos en su propio mundo, llenos de temor, dudando de sí mismos. Viven con una sensación de impotencia porque se han dado cuenta de que mucho de lo que sucede en el mundo está completamente fuera de su control.

El libro de Proverbios nos exhorta a buscar conocimiento, con el entendimiento de que la meta del conocimiento es la sabiduría. Mi deseo es que las personas que lean este libro puedan entenderse a sí mismas, sus temores y la fuerza que los impulsa. Mi anhelo es que este libro te provea sabiduría, para que puedas navegar mejor por la vida en el futuro.

PARTE 1 • ¿QUÉ PENSARÁN DE MÍ?

    Obligado a jubilarse antes de tiempo, el reportero del diario *Kansas City Star*, Paul Wenske, perdió su sentido de identidad.

    "He sido un reportero investigador toda mi vida y de pronto pierdo mi trabajo", dijo el Sr. Wenske, periodista galardonado por 30 años. De repente ya no eres la misma persona que solías ser, te miras en el espejo y te preguntas: ¿Quién eres?

    —Tomado de: *The Wall Street Journal* Febrero 12, 2009.

1

La Persona

❖

"El verdadero valor del hombre se mide por medio de los objetivos que persigue."

—Marcus Aurelius

❖

He vivido la mayor parte de mi vida rodeado de hombres ricos que han experimentado diversos grados de éxito empresarial. Estos últimos nueve años, como director del Centro de Liderazgo Ejecutivo, he mantenido la posición de maestro, entrenador y consejero de varios de ellos. En el proceso de hacer mi trabajo, ellos han confirmado una verdad que yo ya conocía: Una parte esencial de la fórmula para el éxito en los negocios, es presentar una apariencia de éxito corporativo proyectando una imagen de fortaleza y competitividad al mundo exterior. Como resultado, muchos hombres sienten la gran presión de mantener la imagen de ser a prueba de balas y que pueden manejar cualquier problema y cualquier batalla, en cualquier momento.

Sin embargo, he descubierto que, en la vida de cualquier hombre, el verdadero éxito no se puede mantener por un largo periodo de tiempo al negar la existencia de batallas internas. Temas profundamente personales, como la identidad, el miedo, la falta de contentamiento y la depresión, son problemas que todos los hombres deben enfrentar en algún momento de sus vidas, pero por lo general, están perdidos en cuanto a lo que deberían de hacer al respecto.

Hace casi diez años, un hombre que conozco me mandó una parábola de un libro de uno de mis autores favoritos, Gordon MacDonald. En este libro, titulado: *The Life God Blesses: Weathering the Storms of Life that Threaten the Soul* (La Vida que Dios Bendice: Lidiando con las Tormentas de la Vida que Amenazan el Alma), MacDonald cuenta una parábola moderna de un hombre rico que quería construir un gran yate que sería sin igual. El resumen de la historia, que a continuación se relata, trata de cómo los hombres establecen su identidad. La parábola explica por qué sentimos esta gran necesidad de impresionar a los demás, y cómo en el proceso debilitamos los cimientos de nuestras vidas. Además, destaca cuán importantes son los cimientos de nuestra identidad si queremos sobrellevar y sobrevivir las tormentas de la vida.

La historia de MacDonald resonó tanto en mí, y en mi entendimiento acerca de las luchas de los hombres, que captura perfectamente de qué trata este libro. Por lo que pensé que sería la manera perfecta para introducir los temas principales que examinaremos en el curso de estas páginas.

EL NAUFRAGIO DE *LA PERSONA*

Una vez un hombre muy rico decidió construir un yate de vela. Sus intenciones eran que todos hablaran de su yate, estaba decidido a no escatimar en gastos y esfuerzos.

La Persona

Mientras construía su embarcación, la equipó con velas coloridas, un complejo conjunto de mástiles, diversas comodidades en la cabina. Las cubiertas se hicieron con madera de teca, todos los accesorios fueron hechos de latón pulido y a la medida. Y en la popa, escrito con letras doradas que se podían leer desde una distancia considerable, estaba el nombre del barco, *La Persona*.

Conforme construía La Persona, no podía resistirse a imaginar la gran admiración y los aplausos de los miembros del club de yates al momento en que el barco se "hiciera a la mar". De hecho, cuanto más pensaba en el reconocimiento que tendría, más tiempo y atención le daba a la apariencia del yate.

Como nadie vería las partes ocultas de La Persona, el hombre no vio ninguna necesidad de preocuparse por la quilla, la estabilidad de la embarcación, ni nada de lo que tuviera que ver con la distribución del peso y el contrapeso. El constructor del yate actuaba teniendo en mente la percepción de la multitud, no la navegabilidad del barco. La navegabilidad del yate pareciera no ser importante mientras uno está en dique seco.

El hombre se preguntaba "¿por qué debería gastar tiempo y dinero en todo lo que no está a la vista?". Se dijo a sí mismo, "cuando escucho las conversaciones de las personas en el club, escucho solamente admiración de lo que ven. Nunca he visto a nadie admirar las partes de un yate que están bajo el agua". En cambio, siento que mis colegas encuentran el color y las formas de las velas realmente impresionantes, sus accesorios de latón, el conjunto de mástiles, la comodidad de su cabina, las cubiertas, la textura de la madera, la potencia del yate y la habilidad para ganar las regatas los domingos por la tarde".

Y así, impulsado por tal razonamiento, el hombre construyó su yate. Y todo lo que las personas podían ver brillaba con excelencia. Pero las cosas que no se verían cuando el yate entrara al agua, fueron generalmente ignoradas. Al parecer la gente no notó esto, y si lo notaron, no hicieron ningún comentario.

La selección de prioridades en términos de recursos y tiempo por parte del constructor resultó ser correcta: los miembros del club de yates verdaderamente entendían y apreciaban las velas, las cubiertas, la latonería, el conjunto de mástiles y los camarotes. Y alabaron todo lo que podían ver. En ocasiones, escuchaba pláticas en las que se decía que sus esfuerzos por construir el barco más grandioso en la historia del club sin duda resultarían en su elección como comodoro.

Cuando llegó el día del viaje inaugural, la gente del club lo acompañó en el muelle, se rompió una botella de champaña sobre la proa y llegó el momento de izar las velas. Conforme la brisa llenaba las velas y empujaba *La Persona* lejos del puerto, el hombre se paró frente al timón y escuchó lo que había anticipado por años: gritos de júbilo y buenos deseos de los admiradores envidiosos, que se decían unos a otros: "Nuestro club nunca ha visto un yate tan grandioso como este. Este hombre nos hará famosos en el mundo de la náutica".

Pronto *La Persona* se convirtió en un mero destello en el horizonte. Y mientras cortaba las olas, su constructor y dueño, tomó el timón con gran orgullo. ¡Lo que había logrado! Se apoderó de él un creciente sentimiento de confianza en el cual, todo; el barco, su futuro como miembro del club (y probablemente como comodoro), e incluso el océano, estaban bajo su control.

Pero a unas cuantas millas mar adentro comenzó una tormenta. No un huracán, pero tampoco un chubasco. Con ráfagas de más de cuarenta nudos y olas de cinco metros. *La Persona* empezó a estremecerse y el agua se metía por los costados. Comenzaron los problemas, la confianza del capitán se debilitó. Tal vez después de todo, el mar no le pertenecía.

La Persona

En minutos, las velas de colores de *La Persona* estaban hechas trizas, el espléndido mástil se rompió en pedazos y la jarcia sin contemplación alguna cubrió toda la proa. Los pisos de finas maderas y la lujosa cabina estaban inundados. Y antes de que el hombre pudiera prepararse, la ola más grande que había visto en su vida se le vino encima a La Persona y lo volcó.

Ahora bien, esto es importante: después de una tormenta de este tipo, la mayoría de los yates se habrían enderezado solos, pero La Persona no se enderezó, ¿por qué? Porque su constructor había ignorado la importancia de lo que había debajo de la línea de flotación. No había peso allí. Con un buen diseño de contra peso y un lastre adecuado, tal vez el yate se hubiera salvado. Pero el hombre solamente se preocupó por la apariencia del yate y no por las necesidades de resistencia y estabilidad en las partes ocultas, las cuales son necesarias para soportar y vencer las tormentas.

Además, el hombre necio, tenía tanta confianza en sus habilidades de navegación, que nunca contempló una situación que no pudiera manejar. Las investigaciones que se hicieron después revelaron que el yate no contaba con ningún tipo de equipo de rescate a bordo: no tenía botes y chalecos salvavidas, ni radios de emergencia. Y los resultados de esta mezcla de mala planeación y orgullo ciego, fue la razón por la cual el hombre se perdió en el mar.

No fue sino hasta que llegaron las partes de La Persona a la orilla del mar, que los miembros del club descubrieron todo esto.

Ellos dijeron: "Solamente un necio diseñaría y construiría un yate como este y navegaría en él. Un hombre que construye solo arriba de la línea de flotación, no se da cuenta que construyó menos de la mitad del yate. ¿No entendía que un barco que no se construye pensando en las tormentas es un desastre inminente? Que absurdo que le hayamos aplaudido, con tanto entusiasmo".

El hombre necio nunca fue encontrado. Ahora cuando la gente habla de él (lo cual es raro), no hablan del éxito inicial del hombre ni de la belleza de su barco, sino de la tontería de haberse "hecho a la mar" donde las tormentas son repentinas y violentas. Y el hacerlo con un yate que solo fue construido para la vanidad de su creador y los elogios de sus espectadores. Fue en esas conversaciones que el dueño de La Persona, cuyo nombre ha sido olvidado, ahora es conocido simplemente como el hombre necio.

UNA VIDA SIN EXAMINAR NO VALE LA PENA VIVIRLA

Me doy cuenta de que, al compartir esta parábola con los hombres, les habla a sus vidas de una forma poderosa. Es uno de los ejemplos más claros de cómo llegamos a desarrollar un entendimiento erróneo para medir nuestras vidas. Mi deseo es desafiar a cada hombre a que examine la forma en la que mide su vida y su éxito, de otra manera se encontrará en el mismo barco que este hombre necio.

2
DESPUÉS DE TODO, LA VIDA ES DIFÍCIL

❖

Dios hizo simple al hombre, pero el hombre se ha complicado con problemas que él mismo ha concebido.
—*Eclesiastés 7:29 (paráfrasis del autor)*

❖

En los años 70's, una de las novelas más populares y vendidas, fue: *The Road Less Traveled (El Camino Menos Transitado)*, de Mr. Scott Peck. Las primeras palabras del libro formaron esta simple aseveración: "La vida es difícil". Conforme trabajo, enseño y aconsejo a hombres de negocios, a menudo pienso en estas simples palabras porque creo que expresan una verdad simple, independientemente de cuán talentoso, atractivo, inteligente o rico puedas ser, la vida es difícil y está llena de luchas y dolor. Muchas personas viven en silencio con sueños y vidas rotos.

Las palabras de Moisés, escritas hace tres mil quinientos años, en el más antiguo de los Salmos, confirman esta realidad de la vida. *¡Setenta son los años que se nos conceden! Algunos incluso llegan a* ochenta. Pero hasta los mejores años se llenan de dolor y de problemas; pronto desaparecen, y volamos. (Salmo 90:10 NTV).

LAS LUCHAS EN LA VIDA DEL HOMBRE

Un hombre al que conozco desde hace muchos años lamentó recientemente el hecho de que, en los últimos doce meses, seis hombres que él conocía se habían suicidado. Este hombre, también había luchado contra la depresión a través de los años. Él compartió conmigo que los hombres en medio del dolor y la confusión a menudo simplemente se alejan y aíslan de los demás, como si estuvieran avergonzados de estar pasando por tiempos difíciles, ellos de alguna manera, llegan a creer que los hombres de verdad nunca deben desanimarse o deprimirse.

Luego me dijo algo que realmente me sorprendió: "En medio de mi depresión nunca contemplé el suicidio, pero muchas veces deseé no estar vivo".

En respuesta a esta conversación, hice una pequeña investigación. Lo que descubrí fue bastante asombroso. De todos los suicidios en los Estados Unidos, el 80 por ciento son cometidos por hombres. Este hecho me recordó una conversación que tuve hace varios años con un hombre que era director ejecutivo de un centro muy grande de recuperación de drogadicción y alcoholismo. Este centro en particular trabajaba con hombres y mujeres que estaban luchando contra algún tipo de adicción. Tuve la oportunidad, varias veces, de ser el orador en su servicio religioso y no pude dejar de notar que por cada mujer había ocho o nueve hombres en la audiencia. El director señaló que esta proporción era el promedio nacional. Además, continuó diciéndome, en casi todos los casos, estas adicciones eran claramente síntomas de problemas mucho más profundos y preocupantes en las vidas de estos hombres.

Después de Todo, La Vida es Difícil

Cuando miras hacia el mundo empresarial, ves hombres yendo y viniendo y a simple vista parece que están muy bien, sin problemas. Sin embargo, detrás de esa apariencia exterior de confianza, existe en casi todos los hombres, una vida oculta de miedo, dolor y soledad. Y la mayoría de ellos viven con un gran temor de que algún día podrían ser expuestos.

Julie Scelfo, un escritor talentoso del periódico *New York Times*, escribió un artículo muy interesante sobre la depresión de los hombres, el cual se convirtió en el artículo principal de la revista *Newsweek*. Quiero compartir una parte de este artículo, porque llega a los corazones de nuestras batallas como hombres:

> Seis millones de hombres estadounidenses serán diagnosticados este año con depresión. Pero millones más sufren en silencio, sin saber que su problema tiene nombre o, sin querer buscar tratamiento. En una cultura confesional en la que los estadounidenses están cada vez más obsesionados con su salud . . . [son] reacios a reconocer una enfermedad mental. Pero los hechos muestran que los hombres tienden a no cuidarse a sí mismos y como dije anteriormente, no aceptan que pueden padecer una enfermedad mental. Aunque la depresión es emocionalmente paralizante y tiene numerosas implicaciones médicas, algunas de ellas mortales, muchos hombres no reconocen los síntomas. En lugar de hablar de sus sentimientos, puede ser que los enmascaren con el alcohol, abuso de drogas, apuestas, enojo o se convierten en adictos al trabajo. Y, aun cuando se dan cuenta que sí tienen un problema, lo ocultan, sienten que pedir ayuda es una manera de admitir que son débiles; una traición a su identidad de hombre . . . "Nuestra definición de un hombre exitoso, en esta cultura no incluye estar deprimido, decaído o triste", dice Michael Addis, catedrático de psicología en la

Universidad Clark en Massachusetts. "En muchas formas, es exactamente lo opuesto. Un hombre exitoso en nuestra cultura siempre está animado, positivo, a cargo y en control de sus emociones".

Aunque frecuentemente estoy lidiando con hombres y sus problemas, no soy experto en depresión; es una enfermedad muy compleja y difícil de entender para una persona promedio.

Un psiquiatra compartió conmigo que hay varios factores que contribuyen a la depresión; factores biológicos, psicológicos, sociales y espirituales. Sin embargo, encuentro el artículo de Scelfo muy revelador. Los hombres ven el admitir que están deprimidos o que necesitan ayuda como una declaración de debilidad, una traición a su identidad masculina.

En diversos grados, creo que todos los hombres se ven afectados por este fenómeno. En repetidas ocasiones se nos ha dicho, que cuando nos encontremos con dificultades, debemos de aguantarnos y enfrentarnos a ellas. Los hombres de verdad saben cómo arreglar las cosas y, por supuesto, esto incluye todos los altibajos que la vida nos presenta. No obstante, cuando finalmente nos damos cuenta de que ya no podemos hacer que desaparezcan el temor y el dolor de nuestras vidas, a menudo simplemente nos retiramos. Decidimos esconder nuestro verdadero yo de los demás. Nos aislamos solo para darnos cuenta que sufrimos en silencio. Creo que aislarse es la peor decisión que un hombre puede tomar en circunstancias difíciles; lo lleva a una vida de gran soledad.

El psicoterapeuta Anthony de Mello, ha hecho esta observación:

"Mira tú vida y mira cómo has llenado tu vacío con personas. Como resultado, tienen un dominio absoluto sobre ti, mira cómo controlan tu comportamiento con su aprobación y desaprobación. Ellos tienen el poder de aliviar tu soledad con su compañía, de elevar tu espíritu con sus elogios, de hundirte hasta lo más profundo con su crítica y rechazo. Mírate a ti mismo, gastando cada momento de tu vida aplacando y complaciendo a la gente, ya sea que estén vivos o muertos. Vives según sus normas, te ajustas a sus estándares, buscas su compañía, deseas su amor, temes su ridículo, añoras sus aplausos, te sometes dócilmente a la culpa que te imponen; te aterroriza ir en contra de la moda en la forma que te vistes, hablas, actúas o incluso piensas".

Al pensar y tratar de comprender lo que está pasando en lo más profundo de la vida de un hombre, he llegado a una conclusión examinando mi propio corazón. Hay una pregunta que los hombres siempre nos hacemos a nosotros mismos. A menudo parece ser la pregunta central que finalmente tiene que ser respondida antes de tomar ciertas decisiones o tomar un curso de acción definitivo. Es una pregunta, que creo, atormenta la vida de muchos hombres:

¿Qué pensará la gente de mí?

Esta pregunta afecta a mi propia vida. Veo cómo me impacta emocional, psicológica e incluso, espiritualmente.

EN MI PROPIO JARDÍN

Mi hijo Dixon tiene trece años. Él es el único de mis hijos que tiene la suficiente edad y fuerza para cortar el pasto. No hace mucho tiempo, al llegar a casa, me di cuenta de que el pasto necesitaba cortarse con urgencia, desafortunadamente Dixon tenía gripa. Yo sabía que no era algo grave, sólo una leve fiebre; de cualquier

La Verdadera Medida de un Hombre

modo, decidí cortar el pasto yo mismo. Cuando prendí la podadora, Dixon salió de la casa, hablamos por uno o dos minutos. Mientras lo hacíamos nuestra vecina llegó a su casa, aparentemente regresaba del supermercado. Dixon y yo la saludamos, luego comencé a cortar el pasto, Dixon entró a la casa.

Mientras seguía cortando el pasto, noté que mi vecina había comprado muchos artículos en la tienda, y tenía que hacer varios viajes para descargar sus compras. De repente, pensé que ella no podía evitar el darse cuenta que yo estaba cortando el pasto y mi hijo quien es fuerte y alto, se había metido a la casa.

Comencé a pensar, *¿qué estará pensando de mi hijo? ¿Niño flojo?* Luego pensé, ¡cómo debo lucir! *¿Me pregunto qué pensará de mí como padre?, debe estar pensando que soy un padre débil, un hombre que ni siquiera puede hacer que su hijo corte el pasto.* Me quedé pensando sobre esto hasta que ella terminó de descargar sus compras, horas después me volví a preguntar: *¿qué habrá pensado ella de mí?* Que tonto me sentí.

Hace seis o siete años, cuando los niños eran pequeños, mi esposa Holly y yo, llevábamos una vida de locos, llena de actividades todos los días. Casi siempre nos sentíamos exhaustos, esto contribuyó al estrés en nuestras vidas y finalmente en nuestro matrimonio. Un día, Holly sugirió que fuéramos a visitar a un consejero. Estaba seguro de que por supuesto, era innecesario, pero accedí y ella concertó la primera cita con él.

Tenía que encontrarme con ella en la oficina del consejero, que está en un gran edificio de oficinas en nuestra comunidad. Al salir del carro, empecé a sentir tal miedo, que pronto se convirtió en casi pánico. Entonces me pregunté: *¿qué voy a hacer si me encuentro en el estacionamiento o en el edificio con gente que conozco? ¿Qué les digo? ¿Qué pensarán de mí, al darse cuenta de que tengo que ir a consejería?* Tan grande era mi temor, que me sentí mal del estómago.

Después de Todo, La Vida es Difícil

Al entrar al edificio, tomé el control de mis emociones y fui a la oficina donde tenía que encontrarme con mi esposa. Al llegar a la oficina, abrí la puerta solamente para descubrir que las cosas eran mucho, mucho peores de lo que mi preocupación original me había hecho creer. Era un consultorio grande, la sala de espera estaba ¡llena de gente! Al entrar, miré con temor a mi alrededor, fue un alivio darme cuenta de que no había ninguna persona conocida.

Fuimos varias veces con el consejero, resultó ser algo invaluable para nosotros individualmente y para nuestro matrimonio. Sin embargo, cada vez que me acercaba a la puerta de la sala de espera, sentía el mismo temor de encontrar algún conocido y tener que explicar el por qué tenía que ver a un consejero. Cuando miro hacia atrás en ese momento de mi vida, está claro lo que más me preocupaba, una vez más la pregunta: *¿qué pensará la gente de mí?*

Yo creo que diariamente todos los hombres se hacen esa misma pregunta en una u otra forma; cuando están comprando un auto nuevo, cuando se mudan a otro vecindario, cuando se inscriben en algún club privado o cuando eligen a las personas con quienes socializarán.

Lo que verdaderamente nos estamos preguntando es: *¿qué piensa la gente de mí como hombre? ¿Estoy a la altura de sus expectativas cuando*

Lo que verdaderamente nos estamos preguntando es: ¿qué piensa la gente de mí como hombre? ¿Estoy a la altura de sus expectativas cuando ven las decisiones que estoy tomando? En el mundo de hoy, la vida para nosotros como hombres se trata únicamente de qué hacemos y qué tan exitosos somos en lo que hacemos.

---

ven las decisiones que estoy tomando? En el mundo de hoy, la vida para nosotros como hombres se trata únicamente de qué hacemos y qué tan exitosos somos en lo que hacemos.

Siempre me pregunto, *¿qué pensarán sobre lo que hago? ¿Cómo calificas lo que hago? ¿Qué sería de mí si fracaso en lo que hago?* A medida que he examinado mi propia vida, me he dado cuenta de que lo que realmente temo es la idea de sentir vergüenza en mi vida. El miedo a la vergüenza me paralizó mientras cortaba el pasto, todo el tiempo me preguntaba ¿qué pensará mi vecina de mí como padre? También temía la sensación de vergüenza que experimentaría si me hubiera encontrado con algún conocido cuando mi esposa y yo fuimos a la oficina del consejero.

Hemos llegado a creer que los hombres nunca deben de mostrar ningún tipo de debilidad. Nunca deberíamos experimentar el fracaso en los negocios. Nunca debemos estar sujetos al dolor emocional y psicológico; y por supuesto, un hombre de verdad nunca debe caer en depresión.

La vergüenza, según el popular conferencista Malcom Smith, es el "cáncer de la masculinidad". Hace que muchos hombres tomen la decisión de esconder sus miedos y sus fallas. Si creemos que no tenemos lo que se necesita para ser un hombre – que no somos adecuados y no estamos a la altura – esto invalidará nuestro sentido de hombría. La vergüenza es lo que destruye la vida de los hombres.

Finalmente, estoy convencido de que una de las razones por las que este miedo a la vergüenza es tan paralizante es porque muchos de nosotros hemos sido marcados por eventos del pasado. Podría ser por eventos vergonzosos en la infancia, en la adolescencia o posiblemente algo que ocurrió en la universidad. Así que nos proponemos nunca más experimentar este tipo de dolor sin darnos cuenta de las consecuencias que pueden traer a nuestras vidas.

Después de Todo, La Vida es Difícil

LA LUCHA DE UN HOMBRE, LA SALVACIÓN DE OTRO

Antes de seguir adelante con este libro, tú deberías de saber que, si cualquiera de los pensamientos que yo he compartido hasta este punto, son ciertos en tu vida, no eres una aberración. De hecho, diría que estás dentro de la norma. Todos tememos la vergüenza y cuando la experimentamos, nos escondemos dentro de nosotros mismos, tratando de proteger nuestra imagen de hombres fuertes. Todos usamos máscaras de algún tipo pues nos paraliza el pensar en la pregunta que nos hacemos a nosotros mismos temiendo que otros descubran lo que nos avergüenza: *¿qué va a pensar la gente de mí?*

Bill Thrall, en su libro *TrueFaced ("Veraz")*, dice: "Eventualmente todas nuestras máscaras se romperán e inevitablemente nuestro verdadero yo quedará expuesto". Esta reciente crisis económica, ciertamente ha causado que las máscaras de varios hombres se rompan y se desmoronen. El dolor para muchos ha sido insoportable.

Thrall, sin embargo, nos ofrece una visión interesante y más profunda de las dificultades de la vida. Sugiere que las luchas que enfrentamos podrían ser lo mejor que nos ha pasado porque si nuestras máscaras tienen éxito y nos ayudan a mantenernos ocultos y protegidos, ¿quién realmente nos conocería? Seríamos totalmente falsos, viviendo únicamente para actuar e impresionar a los demás. Pero lo más importante es que podríamos pasar todos nuestros días perdiéndonos la vida que Dios tiene para nosotros.

PARTE 2 · LIBRE PARA ELEGIR

---

*Cuando tienes que hacer
una elección y no la haces,
eso es, en sí mismo, una elección.*
—William James

3

LA IDENTIDAD DE UN HOMBRE

Los hombres codician, pero no saben para qué: Luchan y compiten, pero olvidan el premio... Persiguen el poder y la gloria, pero pierden el sentido de la vida.

—George GIlder

Poco tiempo después de la recesión económica del 2008, el periódico Wall Street Journal, publicó dos diferentes reportajes de hombres que se habían quitado la vida porque sus negocios habían quebrado. Meses antes de esa recesión económica, sus negocios eran prósperos, estaban en auge. Si alguien les hubiera dicho que pronto perderían todo, estoy seguro de que se hubieran reído.

Aunque no sabía nada acerca de sus vidas personales, sí sé que hay algo profundamente desconcertante e inquietante que sucede en el interior del hombre cuando su negocio, su trabajo, o su sustento se ven amenazados. Recientemente recibí un correo electrónico de un hombre que ha tenido mucho éxito en el mundo de los negocios, un hombre que sé que tiene un patrimonio neto significativo. Sus palabras fueron directas y penetrantes:

La Verdadera Medida de un Hombre

"Si estás dispuesto, permíteme divagar sobre algunos descubrimientos recientes que he hecho en mi vida personal. Al igual que muchos otros en nuestro país, he estado increíblemente consternado durante los últimos seis meses por las enormes caídas de la bolsa de valores y la amenaza real de la recesión acechando mi negocio y los negocios de muchos otros. He pasado muchas horas preocupado y angustiado por la tremenda pérdida de fortuna y por la pérdida de futuras oportunidades de negocio (al menos a corto plazo). Como cristiano, he tenido que preguntarme, ¿por qué estoy en tal confusión? Me he dado cuenta de que la vida para mí es dinero, riqueza y seguridad financiera. Mi fe ha quedado al descubierto y he encontrado que es muy débil y realmente inútil en términos de mi contentamiento".

Me tengo que preguntar: ¿qué es lo que en verdad me molesta dentro de mí al perder la seguridad financiera? La respuesta me ha llegado recientemente. En verdad, tener que vivir sin tantos lujos y comodidades que da la riqueza, como los viajes, el entretenimiento y la seguridad, realmente no es el mayor problema, aunque esto es muy decepcionante. El verdadero problema y el temor dentro de mí viene porque me preocupo de que sin toda mi fortuna y sin mis privilegios no sea considerado un hombre. Mi sentido de masculinidad se encuentra en todo lo que la riqueza me puede dar.

Lo que tenemos aquí es el retrato de un hombre que ha examinado detenidamente su vida y ha hecho una evaluación sobre él mismo. Lo que escribió nos pega justo en el corazón de nuestra identidad como hombres.

Una buena ilustración de la lucha que tienen los hombres con los engaños de la riqueza y con la apariencia de poder se puede encontrar en la obra de teatro, *Death of a Salesman (La Muerte de*

La Identidad de un Hombre

un Vendedor), escrita por el ganador del premio Pulitzer, Arthur Miller. En esta obra, Willy Loman es un vendedor que había estado buscando éxito en los negocios y recompensa financiera durante toda su vida. Una de sus principales tácticas era impresionar a los demás, siempre dándose aires de grandeza.

En realidad, Loman luchó con su vida. Su familia era disfuncional. Nunca había experimentado ningún tipo de éxito en su carrera. Incluso, en sus mejores días era bastante mediocre.

Al final de la obra de teatro, lo corren de su trabajo y enfrenta la dura realidad de una vida que no había resultado en absoluto como él la había planeado. Había estado viviendo una farsa, tratando de presentar al mundo una imagen de éxito. Al final se quita la vida.

Después del funeral, la esposa de Loman le preguntó a su hijo, de nombre Biff: "¿Por qué lo hizo, por qué se quitó la vida?".

La respuesta de Biff, fue: "Tenía los sueños equivocados. Todo, todo, mal. Y nunca supo quién era".

En estas líneas de la obra, Arthur Miller revela lo que atormenta a tantos hombres de negocios modernos: pasar la vida persiguiendo sueños vacíos, no sabiendo quiénes son y sin comprender las fuerzas que los impulsan. Willy Loman no tenía idea de dónde o de quién provenía su importancia y valor. Al no ser capaz de comprender el miedo en su vida ni tampoco el estrés que enfrentaba a diario, el sentido de su soledad fue creciendo enormemente.

El personaje ficticio de Willy Loman, como muchos hombres en la vida cotidiana, describe lo que el filósofo estadounidense del siglo XIX, Henry David Thoreau, refirió como una vida de "Desesperación silenciosa". Los hombres a menudo se definen así mismos por lo que hacen, a quien conocen o por lo que poseen. Y cuando lo hacen, sin saberlo se exponen a una gran confusión y fracaso en sus vidas personales, particularmente cuando surge una gran tormenta económica.

Los hombres muchas veces se definen así mismos por lo que hacen, a quién conocen o por lo que poseen. Y cuando lo hacen, sin saberlo se exponen a una gran confusión y fracaso en sus vidas personales, particularmente cuando surge una gran tormenta económica.

LA CONFUSIÓN EN TUMULTO

Un maravilloso libro titulado: *Season of Life* (*"Temporada de la Vida"*), aborda la confusión de la identidad que experimentan los hombres, especialmente en tiempos de desafíos. Escrito por el ganador del premio Pulitzer, Jeffrey Marx, sigue la vida de dos hombres quienes son entrenadores de un equipo de fútbol americano de una escuela preparatoria. Ellos tienen lo que algunos pueden considerar un enfoque muy inusual para la forma de entrenar, si no es que único. Ninguno de estos dos hombres está impulsado por el interés predominante de ganar juegos, por el contrario, los dos están claramente enfocados en el objetivo de enseñarles a los jóvenes de preparatoria a ser hombres. Da la casualidad de que, en el proceso, sus equipos ganan muchos campeonatos.

En el libro hay una discusión muy interesante entre el autor Marx y uno de los entrenadores, Joe Ehrmann, quien ha sido un profesional de la defensiva del equipo Baltimore Colts. Ehrmann le explica a Marx, cómo la identidad de los hombres muchas veces se confunde, por lo que él llama "falsa masculinidad".

Ehrmann dice que a medida que los niños crecen, se les dice constantemente que actúen como hombres. Una vez que llegan a la

La Identidad de un Hombre

adolescencia, esto se vuelve bastante común. El problema es que la mayoría de los padres nunca les dan a sus hijos ninguna definición de lo que es ser hombres. Ehrman dice que como padres, nos convertimos en una gran parte del problema cuando les exigimos a nuestros hijos que se conviertan en hombres, cuando nuestros hijos no tienen ningún concepto de lo que esto significa. Dado que la mayoría de los padres no tienen, ni ellos mismos, una comprensión real de lo que es la verdadera masculinidad ¿por qué alguien esperaría que sus hijos sepan qué se espera de ellos?

Marx escribe sobre cómo el entrenador Ehrmann a menudo dirige talleres para hombres y generalmente los comienza con un ejercicio simple. A cada uno de los participantes se les da una tarjeta para que escriban su definición de *masculinidad*. Como Ehrmann lo dice: "La mayoría de los hombres se quedan absolutamente estupefactos por la pregunta". Ellos no tienen ninguna idea de cómo responder y la mayoría de ellos deja la tarjeta en blanco.

En otras palabras, muchos hombres, quienes se consideran a sí mismos hombres de verdad, en realidad no tienen ni la menor idea. Es por eso que Ehrmann cree que, si a los jóvenes no se les enseña en el hogar acerca de la verdadera masculinidad, sus vidas serán moldeadas por la cultura y por los mensajes que reciben acerca de la masculinidad y la hombría.

Pienso que es correcto sugerir que así es como la mayoría de nosotros hemos desarrollado nuestras identidades. Sin duda, ayuda a explicar por qué cada uno de nosotros tiene el potencial de caer en patrones de comportamiento disfuncionales sin darnos cuenta de que eso está pasando.

Cuando todo va bien y la vida florece, los hombres generalmente se sienten bien consigo mismos y sus identidades están seguras. Sin embargo, cuando las dificultades económicas amenazan sus vidas y su futuro, la vida empieza a desmoronarse.

La Verdadera Medida de un Hombre

En el libro de Chris Thurman *The Lies We Believe* ("Las Mentiras que Creemos), se nos brinda una rara oportunidad de un ejemplo perfecto de este fenómeno al observar una sesión de consejería entre el psicólogo Thurman y un paciente anónimo quien trabajaba en la industria inmobiliaria:

"No he cerrado un trato en meses", dice Ted, quien es un vendedor de bienes raíces.
Las cosas marchaban bien en su vida hasta que el mercado inmobiliario se desplomó. Como se deprimió a raíz de esto, vino a verme.
"Seguimos echando mano de los ahorros para salir adelante. Eso no puede durar para siempre", se quejó. Se sentó encorvado sobre sus rodillas, masajeándose las sienes con las manos.
"¿Cómo se siente hacer eso; retirar del banco los ahorros de la familia?".
Se detuvo, y se enderezó. "No lo puedo soportar, nunca he estado tan deprimido. Normalmente soy un tipo optimista ¡esto nunca me había pasado!".
"Antes que el mercado de bienes raíces se desplomara, ¿cómo te sentías?". Le pregunté.
Se recargó en su silla. "Oh me sentía genial".
"Tu felicidad y tu autoestima parecen haber subido y bajado con el mercado". Hice la observación.
"Bueno... Supongo que podrías decirlo de esa manera".
"De acuerdo, sigamos con esa idea. Te sientes bien contigo mismo cuando las cosas marchan bien. Entonces, ¿eso significa que solo vales por tu desempeño?".
"Bueno, no me gusta verlo de esa manera". Hizo una pausa.
"¿Es verdad?"
"Sí, supongo", murmuró. Quiero decir, yo sé que me siento con mucho más valor cuando las cosas van bien.

La Identidad de un Hombre

Necesitamos realmente pensar y abordar lo que admitió este profesional de bienes raíces. Parece que nuestras vidas son mucho más valiosas cuando nuestros negocios marchan bien. Para tratar con este problema nos tenemos que hacer una pregunta clave: *¿nuestra autoestima sube y baja con el mercado y con nuestro salario?*

ENVIDIANDO EL DESEMPEÑO

Nuestra cultura tiene una obsesión por el desempeño, el cual nos da afirmación como hombres. En medio de tiempos difíciles, todos, en un grado u otro, nos hemos dejado seducir por una niebla de emociones encontradas. Aquí es cuando vamos a confundir el éxito personal con nuestro valor como hombres.

Lamentablemente, muchos de nosotros hemos llegado a aceptar como un hecho que el hombre únicamente vale por lo que gana en los negocios. Muchos hombres tienen muy poco tiempo para aquellos que no ganan tanto como ellos, mientras encuentran mucho más tiempo para aquellos que ganan mucho más.

Cuando somos brutalmente honestos con nosotros mismos, nos damos cuenta que cada hombre no solamente es susceptible a este tipo de pensamiento, sino que también es probable que se sienta atraído por él. Desafortunadamente tal visión de la vida puede ser destructiva y algunas veces completamente devastadora. Chris Thurman, comparte un vívido ejemplo de cómo esto se desarrolló en la vida de un atleta:

> Quizás recuerdes la historia de Kathy Ormsby. Ella era una estudiante, que formaba parte del cuadro de honor de medicina, de la Universidad Estatal de Carolina del Norte. Tenía el récord en la carrera femenil de los 10,000 mts. El día llegó, cuando ella logró uno de sus sueños, correr en el "campeonato de atletismo

La Verdadera Medida de un Hombre

NCAA" en Indianápolis. Ella era la corredora preferida en el campo.

Sin embargo, algo muy inesperado ocurrió durante esta carrera. Ormsby se quedó atrás y no pudo alcanzar a la corredora que iba en primer lugar. En un movimiento sorprendente después de la carrera, salió corriendo de la pista y fuera del estadio, hacia un puente cercano donde saltó por uno de los costados. La caída de 12 mts., la paralizó permanentemente de la cintura para abajo.

Cuando equiparamos nuestro valor como seres humanos con nuestro desempeño individual, ponemos en grave riesgo nuestra identidad. Cualquier tipo de fracaso desde el punto de vista de un ego construido sobre una base tan inestable pueden llevarnos a concluir que nuestras vidas no tienen mucho valor.

Los analistas culturales dicen que no siempre ha sido así. Con un acuerdo casi universal nos dicen que, en las sociedades más tradicionales del pasado basadas en la familia, la identidad de los hombres y su razón de ser provenían de las relaciones familiares. El estatus del hombre procedía de un rol social definido (un hijo, un esposo y un padre). El trabajo, una disciplina que crea un tremendo valor dentro de cualquier orden social, no era ni cercanamente importante, como lo era el construir una relación personal. En el orden social tradicional, el trabajo era solamente una forma, para mantener la familia y mejorar la calidad de vida dentro de la comunidad. El trabajo no definía el valor de la vida de un hombre en un sentido absoluto, como parece frecuentemente hacerlo hoy en nuestra sociedad moderna.

Tim Keller, un ministro de la Cd. de New York, sugiere: "Somos la primera cultura en la historia donde los hombres se definen a sí mismos, únicamente por su desempeño y logros en su trabajo. Es

La Identidad de un Hombre

la forma en que te conviertes en alguien y te sientes bien con tu vida". Keller agrega: "Creo que nunca se había tenido tanta presión psicológica, social y emocional en el trabajo como la hay en este momento".

Cuando encontramos nuestra identidad y nuestro sentido de valor a través de alguien y fuera de nosotros mismos, les permitimos que participen en la formación de nuestra identidad. Una vez que nos ajustamos al estándar de ellos, dejamos que determinen qué tan bien nos desempeñamos en nuestro rol asignado y que definan qué tan exitosos somos en la vida.

Admito que hay una audiencia que influye poderosamente en quién soy y qué tanto valgo. Lo mismo es verdad para la mayoría de los hombres. Aunque puede ser que no nos guste, anhelamos su aprobación. Queremos sobrepasar sus expectativas. La pregunta es: *¿quién es mi público, las personas a las que yo les he dado el poder de determinar mi valor como individuo?*

Charles Cooley, un sociólogo destacado y muy respetado que vivió entre 1864 y 1929, ideó un concepto histórico llamado: "El yo del espejo", una teoría del desarrollo humano que se mantiene válida hoy en día. En su forma más simple la teoría dice:

> "Una persona obtiene su identidad en la vida basándose en cómo le percibe la persona más importante de su vida".

Para un niño, por supuesto, es su padre. Todos sabemos qué tan importante es para los padres alentar y fortalecer a sus hijos porque tenemos un gran impacto en su sentido de valor a medida que se desarrollan. Sin embargo, a medida que el niño crece y se convierte en adolescente, los padres inevitablemente descubren que ya no son su público número uno. La mayoría de los padres, para bien o para mal, han sido reemplazados casi por completo por amigos y compañeros del niño. La mayoría de los adolescentes valoran la opinión de sus compañeros más que cualquier otra cosa. Pocos de nosotros, los adultos, diríamos que la presión de los compañeros no es la fuerza más poderosa en la vida de un adolescente.

Para un adulto, particularmente en su trabajo, la opinión más valorada normalmente vendrá de un colega o compañero. Valoramos mucho lo que otros hombres y mujeres piensan de nosotros, tanto en el trabajo, como en nuestra comunidad. Ellos son nuestro público y actuamos para ellos. Anhelamos escuchar sus aplausos.

Y lamentablemente, ya sea que seamos adolescentes o adultos, a menudo inconscientemente permitimos que nuestro público dé el veredicto final sobre el valor de nuestras vidas. La realidad, aun así, es que el veredicto "no llega", porque nuestra actuación nunca termina. No importa cuántos aplausos recibimos ayer, no podemos estar seguros de que los recibiremos mañana.

En esencia, lo que veo que está pasando en el mundo de los negocios, es que muchos hombres de negocios y profesionales que se han desempeñado bien durante toda su vida y que han experimentado un éxito increíble ahora se encuentran abrumados como consecuencia de un tsunami económico.

Muchos de estos hombres, por primera vez, comienzan a darse cuenta de que el aplauso de su público es fugaz. Y muy pocos de estos hombres que están en problemas, parecen saber qué hacer al respecto.

¿CÓMO LLEGAMOS AQUÍ?

Como hemos visto, nuestra sociedad postmoderna es la única en que la mayoría de los hombres se definen a sí mismos por su desempeño y los logros en su trabajo, en lugar de hacerlo a través de sus relaciones. ¿Por qué nuestra cultura es única? Cuando consideramos a todas las civilizaciones que han existido antes que nosotros ¿qué ha causado un cambio tan radical en la perspectiva del hombre?

La Identidad de un Hombre

Hace cien años, los Estados Unidos de América, eran predominantemente una economía de producción. La mayor parte de los estadounidenses estaban involucrados en la producción de bienes, comúnmente a mano. Éramos los líderes mundiales en producción y ahorro. Al final de la Segunda Guerra Mundial, Estados Unidos experimentó una época de optimismo y prosperidad sin precedentes. Poco tiempo después, el analista de comercio minorista Victor Lebow hizo esta observación sobre la marea creciente de la economía estadounidense de la postguerra:

"Nuestra economía enormemente productiva... Demanda que hagamos del consumo nuestra forma de vida, que convirtamos la compra y uso de productos en rituales, que busquemos nuestra satisfacción espiritual, la satisfacción de nuestro ego, en el consumismo... Necesitamos las cosas que sean consumidas, quemadas, reemplazadas y desechadas, a un ritmo cada vez más acelerado".

Las ideas de Lebow sobre el paso de la producción al consumo parecen haberse cumplido. Hoy somos lo que la mayoría de los economistas describen como una economía impulsada por el consumo. Tenga en cuenta que solo en las últimas décadas el Índice de Confianza del Consumidor se ha convertido en un importante indicador económico líder en Estados Unidos.

Nuestra economía está impulsada por una cultura de consumo donde nuestros funcionarios de gobierno aparentemente prefieren vernos colectivamente como consumidores en lugar de individualmente como ciudadanos. Piense en los últimos años, cuando usted ha escuchado a algún comentarista de negocios o a un analista bursátil decir algo como "la clave de la recuperación de nuestra economía es que necesitamos hacer que el consumidor vuelva a comprar".

Para empeorar la cosa, no sólo hemos sido degradados de ser una nación de ciudadanos a una nación de consumidores. De hecho, parece que nos hemos convertido en una nación de consumidores *conspicuos*. Compramos carros, casas, y todo tipo de artículos, no por su funcionalidad sino para demostrar nuestro estatus a los demás esperando que nos estén observando. La forma en que nos vemos a los ojos de los demás se ha convertido en la fuerza motriz detrás de la mayoría de nuestras compras. Como lo dice un anunciante nacional: "Aprovechamos la inseguridad de las personas, sus temores de no estar a la altura". Los anunciantes no apelan simplemente a nuestro sentido común, sino a nuestros temores de no estar a la altura.

La segunda razón por la que somos la primera cultura en la historia en definirse a sí misma por nuestros logros y desempeño en el trabajo, es lo que el célebre historiador y ex bibliotecario del Congreso, Daniel Boorstin llama la "Revolución Gráfica". Comenzó con la fotografía y ha evolucionado al incluir las industrias de la televisión y el cine, internet, los medios digitales impresos y más recientemente, las redes sociales como Facebook, YouTube y Twitter. Boorstin señala que la "Revolución Gráfica", la cual ha creado un nuevo tipo de poder; el poder de hacer que incluso la persona común, haciendo cosas comunes, se haga "famosa". Tanto así, dice, que ahora nos hemos convertido en una cultura enfocada intensamente en las celebridades.

En el pasado, la fama era principalmente un honor que se ganaba, el resultado de realizar hechos heroicos o de hacer contribuciones significativas al bienestar de la comunidad desarrollando inventos, avances educativos o fortalecimiento industrial. Boorstin dice que hoy en día, por otro lado, las personas son consideradas famosas simplemente porque son muy conocidas a través de los medios de comunicación. Estrellas del deporte, actores y actrices, personalidades de la televisión, estrellas de "reality shows" y los hijos

La Identidad de un Hombre

de celebridades que son famosos por ser hijos de famosos, están incluidos en este grupo. El poder y la fascinación por la fama se fortalecen cada día más y más.

La preocupación principal de Boorstin acerca de la sociedad moderna es que nos estamos volviendo más conscientes de la *imagen* y menos conscientes de la *calidad*. Damos a las celebridades y a los medios de comunicación, más y más poder sobre nuestras vidas simplemente por las imágenes que proyectan, en lugar del verdadero valor que representan. Pero la verdadera pregunta es: ¿cómo nos ha impactado a nosotros como hombres, particularmente en lo que se refiere a cómo respondemos individualmente a los desafíos de esta nueva economía?

No creo, dice Boorstin, que la "Revolución Gráfica" haya cambiado los deseos legítimos del hombre, de ser exitoso y de contribuir a la sociedad. Al contrario, yo creo que el problema que señala y subraya para nosotros es que los estándares y medidas de lo que constituye ese éxito ha cambiado.

Esta revolución ha transformado tanto nuestra cultura que, para muchos en la sociedad actual, el éxito tiene más que ver con la imagen pública y la *apariencia de éxito*, que la calidad de nuestro trabajo y nuestro carácter. El éxito hoy en día frecuentemente está divorciado de un fundamento real.

Lo que me he dado cuenta es que muchos hombres, ya no se preocupan por la vida de excelencia. Por el contrario, no importa que tanto un hombre llegue a lograr, él no cree ser exitoso a menos de que otros se den cuenta. Ahora consideramos el éxito como: logro, *más* un reconocimiento apropiado de nuestro logro. El reconocimiento es lo que nos hace sentir que valemos y que estamos a la altura como hombres.

Christopher Lasch, autor de *La cultura del narcisismo* lo ha dicho de una mejor manera:

"Los hombres prefieren ser envidiados por sus éxitos materiales que respetados por su carácter".

Un pensamiento aleccionador.

RESOLVIENDO LA CRISIS

Así que, ¿cómo puede un hombre que se siente menospreciado y atrapado por las opiniones de otros, reorientar completamente su identidad? Como hombres de negocios y profesionales de alto rendimiento, ¿cómo podemos reorientar nuestras identidades para que las dificultades económicas no destrocen ni devasten nuestras vidas y las vidas de nuestros seres queridos? ¿Cómo recuperamos nuestro rumbo y resolvemos nuestra crisis de identidad?

Claramente debemos comenzar por admitir que como Willy Loman en *Death of a Salesman (La Muerte de un Vendedor)*, en alguna medida hemos construido nuestra identidad sobre lo bien que nos desempeñamos y qué tanto nos hemos ganado la aprobación de otros. Debemos reconocer que, en diferentes grados, hemos afianzado nuestra autoestima y sentimientos de autovaloración y de valor, en nuestros logros y las opiniones de otros.

¡Qué difícil es para los hombres enfrentar esta realidad! Revisar este tema central y definitorio puede ser casi imposible para algunos; sin embargo, sostengo que cada hombre debe enfrentar directamente la difícil, pero inevitable verdad de que algo puede estar terriblemente mal en la formación de su identidad y que, sí se comienza reconociendo la incómoda verdad de que algo pueda estar mal con su imagen.

Tim Keller, tiene una gran ilustración que señala esto. Él pregunta: "¿Alguna vez has notado que nunca piensas en los dedos de tus pies?". Por supuesto, nunca notamos nuestros dedos de los pies

La Identidad de un Hombre

hasta que algo malo les sucede. ¿Cuándo fue la última vez, que te dijiste, "wow, que bien se sienten los dedos de mis pies"? Cuando los dedos de los pies funcionan como deben de funcionar, ¡simplemente no les pones atención para nada!

Una línea de pensamiento inusual, tal vez, pero Keller lo usa con gran efecto como ejemplo, demostrando cómo algo debe estar terriblemente mal con la mayoría de las identidades de los hombres – sus egos – porque parece que siempre están enfocados en ellos. La primera pregunta de muchos hombres en la toma de decisiones usualmente es: *¿cómo me afecta a mí ante los ojos de los demás?* su segunda pregunta es: *¿qué pensarán de mí, podré ganar su aprobación?*

Siempre tratando de impresionar, los egos se hinchan fácilmente con la atención y la necesidad de ser notados. Keller lo pone de esta manera:

"El ego está constantemente llamando la atención hacia sí mismo. Si tu identidad fuera saludable, como tus dedos de los pies, nunca lo notarías".

Cuando todo está dicho y hecho, tenemos que aceptar que tenemos una base temporal radicalmente inestable en la que hemos anclado nuestra identidad y que algo está fundamentalmente mal con este enfoque de la vida.

¿RECORDADO POR QUÉ EXACTAMENTE?

Un segundo pensamiento relacionado que te pediría que consideres es el tema del legado, pregúntate, *¿cómo será recordada mi vida una vez que termine?* San Agustín escribió que pensar y reflexionar sobre el legado es muy importante porque nos ayuda a pensar con madurez, acerca de la vida. Nos ayuda a reconsiderar

La Verdadera Medida de un Hombre

a quiénes más deseamos complacer o agradar. Jill Carattini, una editora y escritora con Ravi Zacharias, ministro en Atlanta, GA, escribieron sobre cómo esto funcionó en la vida de Alfred Nobel:

El químico sueco Alfred Bernhard Nobel, fue muy famoso como inventor de explosivos. En 1866 Nobel inventó la dinamita, que le hizo ganar fama y la mayor parte de su fortuna. En algún momento de su vida, él tenía más de 350 patentes, operaba laboratorios en veinte países, y tenía más de noventa fábricas de explosivos y municiones. Hoy en día es más recordado, por ser el hombre que está detrás del premio Nobel, el premio más reconocido internacionalmente en esfuerzos de paz, de química, de física, de literatura y de economía.

En 1888, ocurrió un extraño incidente, que parece haber brindado a Nobel, una oportunidad sin igual para reflexionar. Cuando el hermano de Alfred Nobel, de nombre Ludwig, murió en Cannes, Francia, los periódicos franceses confundieron a los dos hermanos, y reportaron la muerte del inventor de los explosivos. Los periódicos publicaron a ocho columnas: *Le marchand de la mort est mort* – El mercader de la muerte ha fallecido –.

Este incidente tuvo un efecto significativo en Nobel mientras que reflexionaba de qué se trataba su vida y cómo sería recordado en su muerte. Jill Carattini, bellamente concluye en su ensayo: "Los titulares que escribimos en la tierra están impresos en páginas que eventualmente se desvanecerán y se desmoronarán". La mayoría cree que ese fue el evento que finalmente llevó a Alfred Nobel, a establecer el premio Nobel y el subsecuente cambio en su reputación.

No creo que nos demos cuenta de cómo el tema del legado puede cambiar el curso de nuestras vidas, si tan solo estamos dispuestos a dar un paso hacia atrás y hacer dos preguntas relacionadas: ¿cómo

La Identidad de un Hombre

quiero que me recuerden? y una vez que mi vida haya terminado, ¿de qué me gustaría que hubiera tratado? Peter Drucker, dijo que el haber pensado acerca de su legado a una temprana edad fue lo que lo moldeó profundamente como adulto:

> Cuando tenía trece años, tuve un maestro de religión, que me inspiró, un día caminó por en medio de la clase de jóvenes preguntando a cada uno: "¿qué es lo que te gustaría que recordaran de ti?" Ninguno de nosotros, por supuesto, pudimos dar una respuesta. Entonces él rio entre dientes y dijo: No esperaba que pudieran contestar esta pregunta. Pero si no son capaces de contestarla cuando lleguen a los cincuenta años; habrán desperdiciado su vida". Eventualmente, tuvimos una reunión de los sesenta años de esa generación de la secundaria. La mayoría de nosotros aún estábamos vivos, pero no nos habíamos visto desde que nos graduamos. La plática al principio era un poco forzada, entonces uno de los compañeros preguntó: "¿Recuerdan al padre Pfliegler y esa pregunta?". Todos la recordamos. Y cada uno dijo que hizo toda la diferencia para sí, aunque ellos realmente no lo entendieron hasta que llegaron a los cuarentas.

Siempre hago esa pregunta: ¿cómo quieres ser recordado? Es una pregunta que te induce a renovarte, porque te empuja a mirarte a ti mismo, como una persona diferente, la persona en la que puedes convertirte.

Drucker está diciendo que una vez que empezamos a reflexionar sobre cómo queremos ser recordados, impactará toda nuestra perspectiva. A partir de cuando comenzamos a enfocarnos en el tipo de personas que nos estamos convirtiendo y cómo nuestras vidas están contribuyendo a la vida de los demás, cambiará la manera en

> Cuando finalmente nos damos cuenta de que no seremos recordados por lo que hemos logrado o por lo que hemos llegado a tener, o por cuánto dinero hemos ganado, desarrollamos la capacidad de cambiar de una manera fundamental.

cómo medimos nuestras vidas como hombres. Cuando finalmente nos damos cuenta de que no seremos recordados por lo que hemos logrado o por lo que hemos llegado a tener, o por cuánto dinero hemos ganado, nosotros desarrollamos la capacidad de cambiar de una manera fundamental. Creo que esto fue lo que permitió a Drucker rechazar a Goldman Sachs, cuando le ofrecieron el puesto de jefe de economía. Un puesto que le habría pagado un gran salario y lo habría lanzado al centro de la atención internacional, a nuevas alturas de fama y gloria. Pero Drucker tenía una identidad muy saludable, él sabía lo que quería que fuera su vida, por lo que rechazó su oferta.

En primer lugar, debemos reconocer que cada uno de nosotros tiene, en diferentes grados, una identidad inestable que ha sido construida y moldeada por años de desempeño. Entonces y solo entonces, tendremos que dar un paso atrás y comenzar a pensar seriamente lo que queremos que nuestro legado sea en esta vida. Y finalmente, si realmente queremos liberarnos de esta adicción de actuar e impresionar, debemos descubrir un nuevo público.

LA PERSONA QUE PUEDES LLEGAR A SER

¿Recuerdan, cuándo vimos que todos nosotros en una medida u otra, obtenemos nuestra identidad de alguien más fuera de nosotros

La Identidad de un Hombre

mismos? Para agravar el problema, siempre estamos buscando maneras de cómo agradar e impresionar a esas personas, porque sus opiniones son las que validan nuestra identidad.

¿Qué pasaría si dejamos que la persona que determina nuestro valor sea Dios? Reconocer que Dios es la realidad suprema y última que está detrás de toda la vida, es crucial para todos nosotros. Las Escrituras son muy claras acerca de esta verdad. El Salmo 139:16 nos dice:

"Todos los días ordenados para mí fueron escritos en tu libro, aunque no existía ninguno de ellos" (paráfrasis del autor).

En Efesios 2:10 aprendemos:

"Hechura Suya somos, creados en Cristo Jesús para buenas obras, las cuales Dios preparó de antemano para que camináramos en ellas" (paráfrasis del autor).

La palabra hechura, que es usada por Pablo, viene de la palabra griega: "poiema", que literalmente significa: "obra de arte". Como hombres, nuestras vidas son increíblemente valiosas, simplemente porque somos una obra de arte de Dios, Su obra maestra. Eso por sí solo, es la maravilla de la vida misma.

Tu valía como persona tiene que ver con tu valor. Tu valor no está basado en lo que haces, sino en quien te hizo a ti. Dios nos está diciendo, que Él es el que nos ha dado la existencia, nuestro mismo ser. Nosotros estamos aquí por una razón, por un propósito. Dios tiene un plan para nuestras vidas, un plan que está lleno de sentido y propósito.

¿Por qué la gente pagaría millones por una pintura de Rembrandt? Es probable que no tanto por su belleza, si no por el artista que la pintó. Nuestras vidas son de gran valor porque cada uno de nosotros somos la obra de arte de Dios. La gran demostración del increíble valor que tenemos para Dios es, que Él mandó a Su hijo Jesús al mundo. Su buena voluntad de morir por nosotros fue la forma más visible en la que Dios pudo expresar, a cada uno de nosotros, que le importamos y que Él nos ama individualmente a cada uno de nosotros. Cuando un hombre puede integrar esta verdad a su vida, esta verdad transformará su identidad.

Recuerden lo que Charles Cooley dijo en su teoría "El yo del espejo":

"Una persona obtiene su identidad en la vida basada en cómo la ve la persona más importante en su vida".

¿Qué crees que le pasaría a la vida de un hombre si Jesucristo fuera la persona más importante para él? ¿Qué sería si Jesucristo fuera ese público al que buscamos complacer más? Realmente transformaría nuestras vidas, porque Jesús entiende que cada uno de nosotros tiene un valor increíble. Somos de un valor infinito para Él. Él nos ama con un amor eterno.

LA MARAVILLA DE LA VIDA MISMA

Escuché una conferencia del Autor Donald Miller que dio a un grupo bastante numeroso de estudiantes de la Universidad de Harvard. Estaba abordando algunos de los mismos temas que nosotros hemos estado considerando. Esto es lo que él dijo:

"Los seres humanos están programados de tal manera que necesitan una gran autoridad fuera de sí mismos para decirle a él o ella quiénes son en realidad. Pero para muchas personas

La Identidad de un Hombre

esa voz no está ahí, porque sus vidas no están orientadas hacia Dios. Cuando este es el caso, lo primero que pasará en sus vidas será cuestionar su valor. ¿Realmente importa mi vida? Y esto es lo que provoca que empecemos a escondernos de los demás".

Miller continúa diciendo que él reconoce que esto es una realidad en la vida de todas las personas, incluyendo personas importantes y celebridades famosas. Una vez que vio cómo nosotros ya no volteamos hacia Dios, para que sea Él quien nos dé nuestro valor e identidad, entendió por qué somos tan adictos a la aprobación y a ser considerados exitosos ante los ojos de los demás.

La mayor parte de mi vida adulta me ha fascinado el color y el contenido de lo que escribió C.S. Lewis. Pero en los últimos años, he leído algunos libros acerca de su vida personal y tengo que decir que estoy aún más impresionado por la calidad de su vida. Vale la pena considerar la vida de un hombre que realmente conocía su valor.

"Lewis entendió su identidad verdadera", dice el Dr. Armand Nicholi Jr., un psiquiatra de la Escuela de Medicina de Harvard, quien ha estudiado extensamente la vida del Sr. Lewis. En su libro *The Question of God (La cuestión de Dios),* Nicholi revela por qué C.S. Lewis, tuvo una identidad tan saludable. Lewis había sido un ateo por más de treinta años, entonces se convirtió en teísta y después, en cristiano. Nicholi nos dice:

"Cuando Lewis comenzó a leer seriamente el Antiguo y el Nuevo Testamento, notó un nuevo método para establecer su identidad; para reconciliarse con su "verdadera personalidad". Este proceso, escribe Lewis, implica perderse a uno mismo en su relación con el Creador". "Hasta que no te hayas entregado a Él", escribió, "no tendrás un verdadero yo".

Ahí está la solución para encontrar nuestra verdadera identidad como hombres. Lo que Lewis reconoció es que, si realmente vas a encontrar el sentido de tu vida y vivirla al máximo, tienes que renunciar a ella y entregársela a Cristo.

El pastor y autor Tony Campolo cree que esta paradoja es la llave para eliminar toda la confusión en tu vida. Cada fragmento de ella. Es en nuestro compromiso con Cristo, y los planes que Él tiene para todos y cada uno de nosotros en forma individual, donde verdaderamente descubriremos quiénes somos y de qué se trata nuestra vida. La maravilla de la vida misma.

ELIGIENDO AL DIOS A QUIEN SERVIRÁS

Entonces, cuando todo se ha dicho y hecho, ¿qué significa realmente ser exitoso y llevar una vida exitosa? O, para hacer la pregunta desde una perspectiva totalmente diferente, ¿qué pasa si un hombre muy competente y talentoso, pierde su trabajo o su negocio por circunstancias sobre las que él no tiene control? ¿Es un fracasado?

¿Qué pasa si un hombre nunca alcanza la posición más alta en la escalera corporativa como alguna vez aspiró, ni acumula el tipo de riqueza que siempre esperó? ¿Qué le sucede a un hombre cuando comienza a darse cuenta que su vida nunca resultará como siempre había deseado, que nunca será incluido en los círculos sociales de élite o en los que están bien relacionados?

¿Qué significa todo esto realmente y cómo afecta a un hombre, una vez que es confrontado con esta realidad? C.S. Lewis, nos ha dado una maravillosa perspectiva sobre estas cuestiones en un renombrado discurso que pronunció a los estudiantes del Kings College en la Universidad de Londres. Tituló su discurso: "El

La Identidad de un Hombre

círculo interno". Al dirigirse a los estudiantes, les advirtió sobre los deseos naturales del ser humano de siempre querer pertenecer a los círculos internos correctos. Explicó que estos círculos internos, estos pequeños grupos, inevitablemente se formarán y reformarán en constante cambio a través de las diferentes etapas de la vida de las personas. No proveen una estabilidad real.

Advirtió a los estudiantes sobre la ambición consumidora de ser un miembro de la comunidad, acercándose a aquellos que son importantes y adinerados, a fin de ser parte de una élite imaginada. Lewis dice: "nos convertimos en el viajero cansado en el desierto que persigue un espejismo". En última instancia, nuestra búsqueda de estar en el círculo interno de los poderosos algún día nos romperá el corazón.

Esta es la elección que todos enfrentamos. Podemos seguir permitiendo que este mundo mortal defina quiénes somos y el valor de nuestras vidas, con el conocimiento de que algún día el mundo inevitablemente nos romperá el corazón. O podemos romper el control que tiene el mundo sobre nuestras vidas, renunciando a nosotros mismos y a nuestras identidades para cimentarnos absolutamente en el amor de Cristo y Su compromiso con nuestro bienestar. No te equivoques: independientemente de la estación de la vida en la que te encuentres, esta es una elección que todos tenemos que hacer, que nos edificará o nos destruirá como hombres.

A medida que lees y estudias el Antiguo y el Nuevo Testamento, notarás que Dios siempre confronta a Su pueblo con alguna elección. Recuerdo a Josué en un momento crucial de la Historia de Israel cuando él le pide a la gente que elijan al Dios al cual servirán. Yo creo que, si Josué estuviera frente a nosotros hoy en día, en medio de los tiempos difíciles que nos encontramos, nos confrontaría con una elección similar.

La Verdadera Medida de un Hombre

> *"Escojan hoy el dios al cual servirán: el dios de la riqueza, el dios del prestigio y poder, el dios del placer, el dios del éxito. Pero en cuanto a mí y a mi familia, nosotros serviremos al Señor".*
> *(Josué 24:15, paráfrasis del autor).*

Cada uno de nosotros debe elegir al Dios al que va a servir, y entonces, tendremos que vivir con todas las consecuencias que se derivan de esa elección.

4

EL CORAJE DE UN HOMBRE

❖

Todos tenemos un impulso motivacional básico, cada corazón humano tiene algo que lo impulsa. Nos guía por la vida. Nos mueve a hacer lo que hacemos. Y para la mayoría de nosotros, creo yo, es el temor.

—*Tim Keller*

❖

Warren Buffett, el segundo hombre más rico de los Estados Unidos de Norteamérica, escribió una carta a los socios accionistas de la compañía Berkshire Hathaway a fines de febrero de 2009, en la cual claramente reflejó sus pensamientos sobre cómo el ambiente económico actual, impacta nuestra vida como hombres:

"En el último trimestre del año pasado, la combinación de la crisis crediticia con la caída de los precios de la vivienda y las acciones, había producido un temor paralizante que se apoderó del país". Dijo el Sr. Buffett.

"Se produjo una caída libre en la actividad comercial acelerándose a un paso que nunca antes había visto. Los Estados Unidos – y gran parte del mundo –, quedaron atrapados en un círculo vicioso de retroalimentación negativa. El temor condujo a una contracción en los negocios, y esto a su vez provocó un temor aún mayor".

Es importante notar que usó la palabra temor tres veces, sobre todo cuando afirma que la crisis crediticia que comenzó en el otoño de 2008, "ha producido un temor paralizante que se apoderó del país".

EL TEMOR EN SÍ MISMO

Cuando las personas me preguntan, qué es lo que veo que está sucediendo en la vida de los hombres de mi comunidad, mi respuesta es muy simple: temor. Un hombre muy conocido en Alabama, quien aparentemente ha experimentado éxito financiero la mayor parte de su vida, comentó recientemente: "Por primera vez en mi vida, en verdad tengo miedo".

Simplemente expresó, el temor es creado por la incertidumbre sobre el futuro, aun si el resultado final solo tiene la mínima probabilidad de ser negativo. El temor puede crear una complejidad de emociones. Puede ser una fuerza poderosa para tomar acciones positivas en nuestras vidas, o puede producir emociones potencialmente paralizantes.

Nuestro temor generalmente no es más que vivir el futuro antes de que llegue y tomar medidas para evitar los resultados negativos que imaginamos que probablemente ocurrirán. La dificultad surge cuando estos eventos negativos que hemos imaginado se intensifican en el ámbito de nuestra imaginación. Nuestro temor empieza a preocuparnos al punto de la ansiedad.

El Coraje de un Hombre

La palabra *preocupar* tiene su origen en una palabra del inglés antiguo que significa: ahogar o estrangular. Lo que yo he visto a menudo es que el temor y la preocupación, pueden en verdad estrangular la habilidad de la mente para razonar y pensar claramente. Nos sumergimos en imaginaciones presentes cuando nos preocupamos por eventos futuros. La mayoría de los hombres no saben cómo lidiar con el temor; le permiten crecer de manera desmedida en sus mentes, y los paraliza de múltiples formas.

El muy reconocido historiador, Wayne Flynt, quien ha estudiado a gran detalle La Gran Depresión y otras recesiones económicas, ha hecho esta observación acerca de los tiempos que hemos atravesado recientemente:

> "En tiempos como estos, el daño real puede no ser el económico, sino el costo humano que puede repercutir por generaciones. El estrés es simplemente impresionante".

¿Cuál es el costo humano del que él habla? El divorcio, el alcoholismo, el cansancio, la ira, la depresión y el suicidio son todos resultado del temor. Sin embargo, no estoy seguro de que la mayoría de los hombres sepan realmente a qué le temen durante estos tiempos de turbulencia económica e imaginaciones sin control. Vale la pena que lo consideremos.

El muy reconocido psicólogo Larry Crabb dice que tenemos dos necesidades psicológicas básicas en nuestras vidas: necesidad de seguridad y necesidad de *trascender*. Lo que ha ocurrido en la actual recesión económica, particularmente la severidad de esta, ha convergido de tal modo que la habilidad de satisfacer estas dos necesidades psicológicas ha sido amenazada.

El resultado es un temor paralizante.

SEGURIDAD Y TRASCENDENCIA

Crabb ha sostenido por mucho tiempo (al igual que otros, tales como Ron Blue and Jeremy White en su libro: *Surviving the Financial Meltdown),* que en períodos de incertidumbre económica:

- "La seguridad de las mujeres se siente amenazada. Ellas se preocupan de que la hipoteca no se pague y de que sus hijos no tendrán comida ni cuidados".
- "El temor de los hombres, por otra parte, es mucho más profundo, su *trascendencia* es amenazada".

Como hombres, ¿cuál es la necesidad psicológica de trascender? Trascender es: la creencia de que tu vida marca una diferencia duradera. Ningún hombre quiere llegar al final de sus días y creer que su existencia terrenal no fue de alguna manera importante. El filósofo Danés Soren Kierkegaard, lo dice de esta manera: "Cada persona tendrá que encontrar alguna manera de justificar su existencia".

¿Cuáles son las maneras y los medios a los que recurren los hombres para evitar el temor universal de que sus vidas no tengan ningún valor? Tennessee Williams es considerado por muchos el mejor dramaturgo de los Estados Unidos. Sus obras revelan una profunda penetración en el corazón humano. Una de mis obras favoritas, (también convertida en una aclamada película en 1958, protagonizada por Paul Newman y Elizabeth Taylor) es *Cat on a Hot Tin Roof ("Un gato sobre el tejado caliente"),* con la cual ganó el premio Pulitzer.

Esta historia narra la vida de una familia adinerada con problemas, que vive en una gran propiedad en Mississippi. El patriarca de la familia es un hombre mayor e intimidante al que llaman Big Daddy. Brick, uno de sus dos hijos, es un héroe de fútbol americano que envejece y lucha con el alcohol. Él está casado con

El Coraje de un Hombre

Maggie, quien se hace llamar Cat. Brick y Maggie, que no tienen hijos, tienen una relación tormentosa principalmente a causa del descuido de Brick hacia ella. No obstante, Brick va aún más allá para enfurecer a Maggie, al ignorar notoriamente las ambiciones de su hermano de ganar el control de la fortuna familiar.

Al final de la versión cinematográfica, Big Daddy se da cuenta que no le resta mucho tiempo de vida. Él y Brick tienen un intercambio de palabras en el que Big Daddy le describe a Brick la tensión que existe entre ganar riquezas y encontrar una vida de trascendencia:

"Mi fortuna vale diez millones de dólares en efectivo y en acciones de altos dividendos, pero hay una sola cosa que no se puede comprar en ningún lugar del mundo y eso es tu vida cuando sabes que ha terminado... El animal humano es una bestia que eventualmente debe morir, y si él tiene dinero, compra, compra y compra, y desea que una de esas cosas que él compra, sea la vida eterna".

Claramente, la vida eterna a la que Big Daddy se refiere, no es la vida espiritual, más bien se refiere al deseo de que su vida en la tierra tenga algún tipo de permanencia. Él no quería ser olvidado. Brick le pregunta a Big Daddy, por qué quiere tener nietos tan desesperadamente. La respuesta es reveladora:

"Quiero que una parte de mí siga viviendo. No dejaré que mi vida termine en la tumba".

Al final de su vida, Big Daddy, se da cuenta que la riqueza que acumuló en el curso de su vida, nunca podría comprar lo que más deseaba: trascendencia.

En un discurso de apertura, la famosa biógrafa presidencial Doris Kearns Goodwin capturó esta misma verdad cuando habló del presidente Lyndon B. Johnson:

La Verdadera Medida de un Hombre

"Un mes antes de que él muriera, habló conmigo con una inmensa tristeza en su voz. Dijo que estaba viendo al pueblo estadounidense absorto en un nuevo presidente, olvidándolo a él, olvidando incluso las grandes leyes de derechos civiles que había aprobado. Estaba empezando a creer que su búsqueda de la inmortalidad había sido en vano, que tal vez hubiera sido mejor centrar su atención y su tiempo en su esposa y sus hijos, de esa manera podría haber tenido un tipo diferente de inmortalidad a través de sus hijos y los hijos de sus hijos a su vez. Podría haber dependido de ellos de una forma en que no podía depender del pueblo estadounidense. Pero era demasiado tarde. Cuatro semanas después estaba muerto. A pesar de todo su dinero y su poder, estaba completamente solo cuando murió. Su más grande terror se hizo realidad".

Es difícil de creer que un hombre puede llegar a la que es indiscutiblemente la oficina del líder más poderoso del mundo y no sentir que su vida ha tenido un valor perdurable, pero así es.

IMAGINACIONES SIN CONTROL

Cuando dejamos volar nuestra imaginación, pronto descubrimos que nuestros pensamientos se centran en todo tipo de repercusiones y consecuencias imaginadas. Tales imaginaciones sin control basadas en temores poco realistas crean una falsa realidad del futuro que comienza a parecer sumamente real, casi inevitable. Sin precaución y sin límite, estas imaginaciones pronto caerán en cascada en todas las demás áreas de nuestra vida, afectando nuestro juicio y nuestras relaciones, como le sucedió al presidente Johnson.

Creo que esta búsqueda de trascendencia es una de las principales explicaciones del por qué la mayoría de los hombres están

El Coraje de un Hombre

obsesionados con la posibilidad de fracasar, particularmente fracasar frente a la gente de su comunidad. Tim Keller, después de todos sus años como pastor de hombres en la ciudad de Nueva York, descubrió que ganar o perder trascendencia es claramente uno de los impulsos motivacionales básicos en la vida de los hombres. Dice que la idea de fracasar para la mayoría de los hombres es tal pesadilla que solo puede equipararse a una especie de muerte psicológica. Por esta razón, creo sinceramente que para la mayoría de los hombres su motivación no está en el éxito, por el contrario, su motivación está en *no fracasar*.

Como señalamos en las primeras páginas del libro, el temor y la vergüenza son la principal causa de depresión en los hombres durante tiempos difíciles. Muy pocos hombres saben cómo compartir con otros sus temores, el dolor en sus vidas y sus luchas, particularmente si los hace parecer débiles o fracasados. Así que los hombres, naturalmente callan y llevan la carga sobre sus espaldas en silencio. En este proceso ellos se retiran de los demás y viven vidas muy solitarias y aisladas.

Este retraimiento, por supuesto, tiene un impacto significativo en nuestras relaciones con otros hombres, porque lo que realmente tememos es cómo se verán nuestros fracasos ante los ojos de nuestros compañeros y en especial, ante los ojos de aquellos que consideramos nuestros amigos. Esto explica el por qué siempre tratamos de mantener la apariencia de que nuestras vidas están progresando y que tenemos todo bajo control, pero no tenemos relaciones profundas que duren toda la vida. Si todo lo que te puedo ofrecer a ti, es una imagen superficial de mi verdadero ser, ¿por qué debo esperar terminar con algo más que relaciones superficiales que no tienen una profundidad real? El temor de fracasar y nuestra incapacidad de enfrentar ese temor, crean relaciones personales superficiales.

El temor de fracasar también causa que los individuos vayan a lo seguro en la vida. Nos encontramos evitando riesgos razonables que probablemente deberíamos de tomar. No queriendo vernos mal ante los ojos de los demás, nuestro juicio se vuelve críticamente afectado y nos encontramos a nosotros mismos dejando de perseguir oportunidades viables, incluso cuando el fracaso es una posibilidad remota. Larry Crab dice que los hombres tratan de ordenar sus vidas de modo que todo sea previsible y bajo su control. Persiguen proyectos en los que se sienten competentes y pueden ocultar sus deficiencias, evitando lo que ellos temen y de esa manera crean un sentido de seguridad.

El verdadero problema con este enfoque de la vida, es que el hombre probablemente nunca alcanzará su potencial completo. Jugando a lo seguro y negándose a exponerse al fracaso, más adelante en la vida se encontrará haciéndose la pregunta: *¿y si hubiera?*

Tony Campolo habla de un estudio realizado algunos años atrás por un grupo de sociólogos. Ellos entrevistaron a un gran número de personas y el único criterio que usaron para ser elegible para el estudio era que debías tener por lo menos noventa y cinco años de edad. Solo les hicieron esta pregunta: si pudieras volver a vivir tu vida, ¿qué harías diferente?

Una de las respuestas más comunes de este grupo de ancianos fue: "Si yo pudiera vivir mi vida otra vez, tomaría más riesgos".

Lo que me impresiona de esta respuesta es que, estas personas en el crepúsculo de su vida se dieron cuenta de qué error tan grande fue jugar a la segura en el curso de su vida porque tenían temor de fallar. Si piensas en ello, la mayoría de los grandes logros en la vida son el resultado de personas dispuestas a dar un paso fuera de su zona de confort hacia lo desconocido, sabiendo que el fracaso es una posibilidad.

Como hombres de honor e integridad, siempre deberíamos ser inspirados y animados con estas palabras de Theodore Roosevelt:

> "No es el crítico quien cuenta; ni aquel que señala cómo el hombre fuerte se tambalea, o dónde el autor de los hechos podría haberlo hecho mejor. El reconocimiento pertenece al hombre que

El Coraje de un Hombre

está en la arena, con el rostro manchado por el polvo, el sudor y la sangre; quien se esfuerza valientemente; quien yerra, quien da un traspié tras otro, pues no hay esfuerzo sin error ni fallo; pero quien realmente se empeña en lograr su cometido; quien conoce grandes entusiasmos, las grandes devociones; quien se consagra a una noble causa; quien en el mejor de los casos, encuentra al final el triunfo inherente al logro grandioso, y quien en el peor de los casos, si fracasa, al menos fracasa atreviéndose en grande, de manera que su lugar jamás estará entre aquellas almas frías y tímidas que no conocen ni la victoria ni la derrota".

¿QUIERES SER SANO?

En el quinto capítulo del Evangelio de Juan, Jesús se cruza en el camino con un hombre paralítico en Betesda y le pregunta algo inusual: "¿Quieres ser sano?".

Aunque nosotros no estemos físicamente enfermos como este hombre, todos estamos enfermos en nuestros corazones y en nuestras almas. ¿Pero queremos ser sanos? Muchos hombres contestarán con un tajante no, como el hombre que una vez me dijo, "yo creo que lo que tú me dices es verdad, pero quiero permanecer en el camino en el cual estoy".

Veamos la pregunta de Jesús: "¿Quieres ser sano?". La veremos desde otra perspectiva totalmente diferente, un nuevo paradigma para considerar. Empezaremos considerando nuestra actual crisis económica desde una perspectiva bíblica y no solo desde un punto de vista personal y humano.

Hace varios años noté que la palabra *cuidado* aparece frecuentemente en mis lecturas del Antiguo y Nuevo Testamento. No debería de sorprendernos que Dios constantemente advierte a Su pueblo acerca de problemas que tienen el potencial de corromper sus vidas. Sin embargo, lo que es interesante es que Jesús usó la palabra cuidado principalmente para advertirnos acerca de creer lo que es falso. Reconoció que las enseñanzas falsas, nos pueden llevar hacia el camino de la destrucción.

El eminente filósofo cristiano Blaise Pascal, ha dicho que la principal razón por la que la gente batalla tanto en la vida es porque tienen falsas ideas acerca de la realidad. Dice que es crucial desarraigar estas falsas ideas y sustituirlas con sabiduría y verdad. Me pregunto cuántos de nosotros tenemos ideas falsas acerca de ser exitosos, de la masculinidad, de lo que es de hecho la verdadera medida de un hombre.

Y me pregunto cuántos de nosotros tenemos esas ideas falsas sobre las tormentas que enfrentamos en la vida. Lee estos significativos versículos que contrastan la perspectiva de Dios con nuestra muy limitada perspectiva como humanos.

"Porque Mis pensamientos no son sus pensamientos,
Ni sus caminos son Mis caminos", declara el Señor.
"Así como los cielos son más altos que la tierra,
así son Mis caminos más altos que sus caminos,
Y Mis pensamientos más que sus pensamientos".

Isaías 55:8-9.

También leemos en el Salmo 50:21 donde Dios hace una clara declaración: "Tú pensaste que Yo era como tú, pero no lo soy" (paráfrasis del autor).

En este retrato de la majestuosidad infinita de Dios, Él está declarándonos que no piensa como nosotros pensamos, ni ve la vida como nosotros la vemos. Él no ve una crisis económica como tú la ves, ni como yo la veo. Sus caminos y propósitos son mucho más altos que los nuestros.

Este contraste es particularmente fácil de comprender cuando consideramos que la perspectiva de Dios sobre el tiempo es muy diferente a la nuestra. Lo que deberíamos buscar entender es la visión de Dios sobre los asuntos humanos desde un marco de referencia eterno. Conforme nos concentremos en las verdades eternas de Dios, creceremos hacia una profunda apreciación de lo que ya sabemos – que nuestras vidas no son más que un momento pasajero en el tiempo–. La mayoría de nosotros esperamos desesperadamente que las cosas cambien pronto. Nuestros pensamientos de prosperidad y felicidad a menudo se ven interrumpidos por el temor, especialmente cuando dirigimos nuestro enfoque en la jubilación, que se cierne sobre muchos de nosotros en los próximos cinco, diez, o veinte años. Pero, de manera interesante, en 2 Pedro 3:8 se nos dice que mil años son como un día para Dios. Nos enfocamos tanto en los próximos años mientras que el horizonte de tiempo de Dios es eterno. Él se preocupa por nuestro bienestar eterno. Él ve lo que nosotros no vemos. Sus pensamientos y planes son mucho más altos que los nuestros.

Ahora quiero tomar solo un minuto para reflexionar acerca de una verdad que generalmente no consideramos en tiempos difíciles. Creo que esta verdad es muy crucial de entender conforme nos enfrentamos a nuestros temores y recordamos que los caminos y los planes de Dios son mucho más altos y grandiosos que los nuestros.

LA MADUREZ DEL ALMA

Imagina el horror en el campo de concentración nazi en Hungría. Imagina que somos judíos detenidos en contra de nuestra voluntad y obligados a trabajar en una fábrica que abastece a la creciente maquinaria de guerra de los nazis. Apenas y estamos sobreviviendo. Un día, los aviones aliados bombardean el área y destruyen la tan odiada fábrica. A la mañana siguiente, varios cientos de nosotros somos conducidos a un extremo de los restos calcinados. Esperando órdenes para comenzar la reconstrucción, nos quedamos desconcertados cuando el oficial nazi nos ordena que echemos arena en carretillas y la llevemos al otro extremo de la planta.

Al siguiente día el proceso se repite a la inversa. Ahora se nos ordena mover una enorme pila de arena al otro extremo del complejo. Se ha cometido un error. Nos decimos a nosotros mismos, *cerdos estúpidos*, de pronto un guardia grita y aceleramos nuestro paso. Día tras día nos vemos obligados a transportar el mismo montón de arena de un extremo al otro del campo.

Finalmente, un anciano comienza a llorar desconsoladamente, y el guardia se lo lleva. Otro grita hasta que lo callan a golpes. Entonces un hombre joven que ha sobrevivido tres años en el campo se aleja del grupo. Los guardias le gritan que pare, mientras él corre hacia la cerca electrificada. Todos le gritamos, pero es demasiado tarde; hay un destello cegador y un terrible ruido crujiente, mientras el humo se eleva de su carne humeante.

En los siguientes días, docenas de otros prisioneros enloquecen y huyen de su trabajo, solo para ser baleados por los guardias o electrocutados por la cerca. Oímos al comandante decir irónicamente, que pronto no será necesario usar el crematorio.

Parafraseo la historia anteriormente narrada, tal como apareció originalmente en el libro de Charles Colson: *Kingdoms in Conflict* (*"Reinos en conflicto"*), para destacar el punto que Colson planteó: "Si nuestro dolor y nuestras luchas parecieran no tener un propósito, con el tiempo seremos disfuncionales. Nuestras mentes se romperán".

Si no hay significado o propósito detrás de los eventos que se desarrollan, la vida siempre será sombría y sin esperanza, especialmente cuando el dolor y el sufrimiento entran en nuestras vidas. ¿Habría hecho una diferencia si los nazis hubieran obligado a los prisioneros a que hicieran el mismo trabajo, pero con el propósito de ayudar a construir un orfanato para los niños de Hungría que perdieron a sus padres en la guerra? Este cambio de perspectiva subraya el concepto que Colson cree que es de vital importancia comprender: encontrar significado y propósito detrás de lo que estamos experimentando en la vida lo es todo.

Otro ejemplo claro de los contrastes entre dos circunstancias y el significado detrás de ellas se puede encontrar en una observación hecha por el Dr. Paul Brand. Si una mujer enamorada de su esposo decide tener una velada romántica con él y la noche termina en intimidad sexual, todos podemos estar de acuerdo en que esto es bueno tanto para el hombre como para la mujer. Este tipo de intimidad es una manera maravillosa para que una pareja exprese su amor el uno por el otro.

Ahora, si tomamos a esta misma mujer y esta vez es violada por un hombre extraño, no podemos imaginar que no haya una clara diferencia en la experiencia de un acto tan horrible y la de tener sexo con su esposo. Fisiológicamente, ella experimenta el mismo acto, involucrando las mismas terminaciones nerviosas. La primera experiencia, en cambio, es de gran belleza. Esta última, es la peor pesadilla que una mujer pueda imaginar. El significado detrás de lo que tú estás experimentando lo es todo.

El Dr. Henry K. Beecher de la Escuela de Medicina de Harvard, hizo una interesante observación entre los doscientos quince hombres heridos en la playa de Anzio, Italia, en la Segunda Guerra Mundial:

> "Solo uno de cada cuatro soldados con heridas serias (fracturas, amputaciones, heridas profundas en el pecho o cerebro) pidieron morfina, aunque estaba disponible de forma gratuita. Simplemente no necesitaban ayuda con el dolor y, de hecho, muchos de ellos negaron sentir dolor en absoluto. El

anestesiólogo Beecher, comparó las reacciones de los soldados con lo que había visto en la práctica privada, donde el ochenta por ciento de los pacientes recuperándose de heridas quirúrgicas suplicaban se les diera morfina y otros narcóticos".

Aquí tienes dos grupos diferentes de personas sufriendo exactamente las mismas lesiones. Las respuestas de los soldados al dolor se vieron afectadas por el hecho de que sus heridas tenían un sentido de significado – el resultado de estar involucrados en una misión importante para su país –. También tenían un sentimiento de gratitud por haber sobrevivido. Sin embargo, los pacientes civiles con exactamente las mismas heridas vieron sus lesiones como deprimentes y calamitosas, y por lo tanto "suplicaban se les administrara morfina y otros narcóticos".

Apenas unas horas antes de que Jesús fuera detenido, les dijo esto a Sus discípulos en Juan 16:21:

> *"Siempre que una mujer va a dar a luz tiene dolor, porque la hora ha llegado; pero cuando da a luz al niño, ya no recuerda la angustia por la alegría de que un niño ha nacido en el mundo"* (paráfrasis del autor).

El dolor de una madre produce algo con sentido, una nueva vida, y por esa razón, incluso puede contemplar el repetir la experiencia sin temor ni preocupación. El punto que estoy señalando es crucial para que sea comprendido. Es fundamental, si quieres lidiar con el temor de manera efectiva.

En medio de las tormentas de la vida, podemos permitir que lo que estamos experimentando influya en nuestra visión de Dios, o podemos permitir que nuestra visión de Dios influya en lo que estamos experimentando. Si podemos renunciar al hambre de

El Coraje de un Hombre

En medio de las tormentas de la vida podemos permitir que lo que estamos experimentando influya en nuestra visión de Dios o podemos permitir que nuestra visión de Dios influya en lo que estamos experimentando.

aprobación de nuestro ego y podemos tomarnos un momento para volver a examinar nuestros temores ansiosos a través del lente de la verdad de Dios, creo que estos temores realmente serían transformados.

Al examinar tus circunstancias particulares, te pido que consideres que Dios nos deja eminentemente claro que existe un propósito en nuestro dolor y sufrimiento. Con la mentalidad correcta, podemos encontrar propósito detrás de las circunstancias que causan nuestro temor. Como un sobreviviente de cáncer me relató su sufrimiento:

> "[Es] a través de mi batalla contra el cáncer que he llegado a comprender que, el sufrimiento es bueno para nosotros. Hay un propósito en ello. Te hace enfocarte en lo que es verdaderamente importante".

Recuerdo que el autor ganador del premio Pulitzer, Alexander Solzhenitsyn, pasó ocho años de su vida en la prisión por hacer algunos comentarios despectivos sobre Joseph Stalin. Entró en prisión como un ateo y salió como un cristiano. Después de que fue puesto en libertad, las primeras palabras que salieron de su boca fueron:

"Te bendigo prisión. Te bendigo por estar en mi vida, porque allí, recostado sobre la paja podrida de la prisión, aprendí que el propósito de la vida no es la prosperidad, como crecí creyendo, sino la madurez del alma".

VERDADERAS BENDICIONES, CORAJE DESCUBIERTO

Me pregunto cuántos de nosotros, en el curso de nuestras ocupadas vidas, nos hemos dado el tiempo para pensar en la pregunta: *¿cuál es el propósito de la vida?* Si creemos que el propósito de nuestra vida es tener comodidad, placer y prosperidad, entonces veremos esta actual crisis económica como nada más que una calamidad. Estaremos temerosos, amargados y enojados.

Pero si el propósito de la vida es en verdad como Solzhenitsyn sugiere, la madurez del alma – la transformación de nuestro carácter a través de conocer y glorificar a Dios – aprenderemos a ver las dificultades tal como lo hizo Solzhenitsyn, como una verdadera bendición en el desarrollo de nuestras vidas y nuestras relaciones con los demás.

¿Cómo puede Solzhenitsyn, o alguien en su sano juicio, decir que después de ocho años de una sentencia en prisión y de estar alejado de la familia, amistades y comodidades, que la experiencia fue una bendición? Solzhenitsyn nos dice que su experiencia de una dura pena en prisión fue la única manera en que él pudo encontrar la verdad espiritual de la vida a la que había estado cegado.

Tal vez deberíamos pensar un poco en esta posibilidad. ¿Qué es lo que nos tiene cegados, que pudiera llevar a Dios, a tratar de hacer un cambio radical en nuestras vidas? En Jeremías 22:21 leemos:

"Yo te hablé en el tiempo de tu prosperidad, pero dijiste: '¡No

escucharé!' así lo has hecho desde tu juventud, no has obedecido Mi voz".

¿Podría ser esto cierto para nosotros?

Algunas de las verdades más sagradas de la vida pueden ser aprendidas únicamente conforme caminamos a través de nuestras propias tormentas en la vida. Todos las tenemos. Sin embargo, parece que lo único que queremos es alivio y comodidad. Exigimos soluciones instantáneas, pero en lo que fallamos, es en reconocer que, aunque Dios puede resolver todos nuestros problemas, las soluciones instantáneas no son importantes para Él. Lo que es importante para Él es, cómo respondemos ante nuestras dificultades.

Encuentro que muchos hombres responden instintivamente a sus circunstancias negativas, no solo con temor sino también con ira y amargura. "¿Por qué yo? Preguntan. Esto no es justo, ¡no me merezco esto!".

Atrapados en el proceso de maldecir las realidades de la vida, la mayoría de nosotros, a menudo descubrimos que el dolor sigue aumentando.

En El Libro *Where Is God When It Hurts?* (*"¿Dónde está Dios cuando duele?"),* Philip Yancey escribió sobre la visión del muy influyente psicólogo suizo del siglo XX Paul Tournier. "Solo en raras ocasiones somos los amos de los acontecimientos", dijo Tournier, "pero (junto con aquellos que nos ayudan) somos responsables de nuestras reacciones". En otras palabras, somos responsables de la manera en que respondemos a las dificultades que enfrentamos. Tournier creía que una respuesta positiva, activa y creativa a uno de los desafíos de la vida nos desarrollará, en cambio, una respuesta negativa y molesta solo nos debilitará, y retrasará nuestro crecimiento.

De hecho, Tournier creía que la respuesta adecuada en el momento adecuado podría determinar el curso de toda la vida de una persona. Encontró que muy a menudo a los humanos, las oportunidades de desarrollo y crecimiento se les presentan, solamente a través de las dificultades y las pruebas. Yancey además agrega: "Esa, de hecho, fue la razón por la que él [Tournier] se alejó del patrón tradicional de diagnóstico y tratamiento y comenzó a atender las necesidades emocionales y espirituales de sus pacientes también".

REFRESCA TU ENTENDIMIENTO

¿Podría mi respuesta a las tormentas que llegan a mi vida, determinar el futuro curso de esta? Aunque puede ser que no sepamos lo que Dios está planeando, podemos estar seguros de que hay un propósito en nuestras circunstancias dolorosas cuando sea y como sea que ocurran. Y cuando sabemos y reconocemos que hay un significado detrás de lo que estamos experimentando, transformará nuestro dolor y nos capacitará para renunciar a nuestro temor.

Malcolm Muggeridge fue uno de los periodistas más queridos de Gran Bretaña. Un agnóstico la mayor parte de su vida. Muggeridge sorprendió al mundo, en los años 60's cuando anunció que se había convertido al cristianismo. A la edad de setenta y cinco años, hizo una interesante observación:

> "En efecto, puedo decir con toda veracidad que todo lo que yo he aprendido en mis setenta y cinco años en este mundo, todo lo que verdaderamente ha enriquecido e iluminado mi existencia, ha sido a través de la aflicción y no de la felicidad, ya sea perseguida o alcanzada. En otras palabras, si fuera posible eliminar la aflicción de nuestra existencia terrenal... El resultado no sería hacer la vida placentera, sino hacerla demasiado banal o trivial para ser soportable".

Lo que estamos experimentando actualmente en nuestra economía es claramente el resultado de una irresponsabilidad financiera a gran escala. Es un problema causado por seres humanos que están cosechando los frutos de una economía sobre apalancada. Pero lo que encuentro más interesante al mirar hacia atrás en la historia, es que parece que siempre encontramos maneras de tomar decisiones que complican nuestras vidas y que traen problemas financieros a nuestro mundo; aun así, Dios está siempre ahí para redimir nuestras circunstancias negativas. Él las usa para nuestro bien si le permitimos que lo haga.

La pregunta se mantiene, ¿cómo está Dios tratando de usar estos tiempos difíciles en nuestras vidas? ¿Qué nos está tratando de enseñar? Creo que está tratando de hacer un cambio espiritual radical en la vida de todos y cada uno de nosotros. Él está tratando de recordarnos cómo nosotros continuamos construyendo nuestra seguridad y nuestro significado sobre aquellas cosas en la vida que nos pueden ser quitadas.

La gran lección de la historia de la humanidad es que las personas siempre están buscando algo más, cualquier cosa más, para que les dé significado y seguridad. Para muchos hombres del mundo de los negocios y del comercio, Dios no es una opción.

Recuerdo las palabras de Dios en el libro de Jeremías:

"Porque Mi pueblo ha cometido dos males: me han abandonado a Mí, fuente de agua viva, para hacerse cisternas, cisternas rotas que no retienen el agua". (Jeremías 2:13, paráfrasis del autor).

Nota que Dios se está refiriendo a las personas religiosas, porque Él las llama "Mi Pueblo". Sin embargo, lo han abandonado a Él, la fuente de agua viva, y en su lugar han seguido una estrategia que creen les permitirá capturar el agua que satisfará la sed y el anhelo de su alma. Desafortunadamente ellos siempre terminan vacíos y la sed continua.

La Verdadera Medida de un Hombre

La Biblia habla consistentemente de una sed del alma de cada ser humano. Tal vez lo reconozcamos como un anhelo de seguridad y significado, pero también es un deseo de propósito, sentido y contentamiento. Lo que fallamos en reconocer es que esta sed solo puede ser saciada por Dios; por lo tanto, estamos invitados a venir a la fuente de agua viva y beber.

> "El que tenga sed, déjenlo venir; y quien lo desee, déjenlo que tome el regalo del agua de vida". (Apocalipsis 22:17, paráfrasis del autor).

C.S. Lewis demuestra poderosamente esta verdad en una de sus historias en las *Crónicas de Narnia*. Los libros de Narnia son una serie de cuentos alegóricos para niños, pero también hablan poderosamente a las vidas de los adultos. Una joven llamada Jill en el libro de Lewis: *The silver chair* (*"La Silla de Plata"*), ofrece una maravillosa representación a la humanidad. Está claramente consumida con ella misma y está convencida que solo ella sabe lo que es mejor para su vida. No quiere tener nada que ver con Aslan, el gran y magnífico león que representa a Cristo. Sin embargo, Jill está buscando agua desesperadamente:

> Jill tiene una sed insoportable. Ella puede escuchar un arroyo en algún lugar del bosque. Impulsada por su sed, comienza a buscar el nacimiento del agua – cautelosa –, porque tiene temor de toparse con el león. Encuentra el arroyo, pero queda paralizada por lo que ve ahí. Aslan, enorme y dorado, inmóvil como una estatua, pero terriblemente vivo, está sentado junto al agua. Ella espera un largo tiempo, luchando con sus pensamientos y esperando que él simplemente se vaya.
>
> Entonces Aslan dice: "Si tienes sed, puedes beber".
>
> Jill se sobresalta y se niega a acercarse.

El Coraje de un Hombre

"¿No tienes sed?", pregunta el León.

"Me estoy muriendo de sed," dijo Jill.

"Entonces bebe", dijo el León.

"¿Puedo... Me permitiría, le molestaría alejarse mientras lo hago?" dijo Jill.

El León respondió esto, solo con una mirada y un gruñido muy bajo.

Y justo cuando Jill miraba su gran figura inmóvil, se dio cuenta de que bien pudo haberle pedido a toda la montaña que se hiciera a un lado para su comodidad.

El delicioso murmullo del riachuelo, la estaba conduciendo cerca del frenesí.

"¿Me prometes... no hacerme nada si me acerco?".

"No te prometo nada", dijo el León.

Jill tenía tanta sed que, sin darse cuenta, se había acercado un paso más...

"¿Comes niñas? Ella preguntó".

"Me he tragado a niñas y niños, mujeres y hombres, reyes y a emperadores, ciudades y reinos", dijo el León. No lo dijo como si se jactara ni como si lo lamentara, ni como si estuviera enojado. Solo lo dijo.

"No me atrevo a acercarme a beber", dijo Jill.

"Entonces morirás de sed", dijo el León.

"¡Uff!" dijo Jill, acercándose un paso más. "Supongo que debo ir a buscar otro arroyo".

"No hay otro arroyo", dijo el León.

Muchísimos hombres pasan sus vidas buscando otro arroyo, para finalmente y por siempre, saciar la sed de sus almas. Sin embargo, Jesús dice que no hay otro arroyo. Y es muy claro en el hecho de que si no bebemos de este manantial – la Fuente del agua viva – moriremos.

5

LA VERDAD DE UN HOMBRE

❖

*Aquí estoy en el ocaso de mi vida,
todavía preguntándome, de qué se trata todo esto…
Les puedo decir: la fama y la fortuna son para las aves.*
—Lee Iacocca

❖

Cuidado…
Señalé anteriormente que Jesús usó la palabra cuidado principalmente para advertirnos de creer lo que es falso. Blaise Pascal reconoció que la vida es dura y llena de riesgos, y que muchos de los mayores problemas de la vida, resultan de que las personas vivan con ideas y creencias falsas sobre la realidad.

Scott Peck en su obra más vendida *The Road Less Traveled* ("El Camino Menos Transitado"), lo ha dicho de esta manera:

> "Cuanto menos claramente vemos la realidad del mundo, nuestras mentes son más confundidas por la falsedad, las percepciones erróneas y las ilusiones – seremos menos capaces de determinar cursos correctos de acción; tomar decisiones sabias –".

La Verdad de un Hombre

¿Alguna vez has pensado seriamente en las consecuencias de creer lo que es falso, acerca de la forma en la que el mundo realmente funciona? Más concretamente, ¿cuáles serían las consecuencias si tus creencias sobre lo que significa ser exitoso y lo que significa ser un hombre de verdad son falsas? ¿Qué tan severamente las ideas falsas podrían estar arruinando tu vida? Demasiados hombres, simplemente se alejan de la idea de que puedan estar equivocados.

Jesús, en dos ocasiones diferentes, dijo: "El ojo es la lámpara del cuerpo". Se refiere a nuestra percepción de la realidad. Él está revelando que, si tu percepción de la realidad está arraigada en la verdad, tu vida estará llena de luz, y serás un hombre sano y dinámico, porque sabrás quién eres y hacia dónde vas. Sabrás lo que tiene verdadero valor en la vida.

Por otro lado, si tu percepción de la realidad está arraigada en la falsedad, tu vida estará llena de oscuridad. Tropezarás por la vida y caerás, sin tener idea de cuál es el problema. Por lo tanto, como Jesús nos enseña, es crucial entender que la forma en que vemos la vida y la masculinidad debe estar arraigada en la verdad.

La persona que más me ha ayudado a tener un buen entendimiento sobre esto es el entrenador Joe Ehrmann en el libro de Jeffrey Marx, *Season of Life ("La Temporada de la Vida")*. Recordarás la discusión con Marx acerca de lo devastador que puede ser cuando los hombres desarrollan lo que él llama una falsa masculinidad. Ehrmann describe a Marx, cómo se desarrolla esto en la vida de un hombre. Le dijo a Marx que el primer componente de la falsa masculinidad entra en nuestras vidas en los primeros años de escuela. Si observas cualquier patio de recreo, notarás que los niños participan en juegos competitivos. Parece ser que siempre el niño que es más rápido o que puede hacer pases y atrapar el balón mejor que los demás, es elevado por encima de la multitud. Sus compañeros de clase generalmente lo consideran un poco más masculino, un tanto superior a los otros niños, y aquellos que no son tan atléticos comienzan a desarrollar un sentido de inferioridad. Ehrmann cree que gran parte del valor y sentido de identidad de un niño se construye alrededor de ese patio de recreo, mucho más que en los salones de clases.

Personalmente creo, que la primera vez que un niño se pregunta si realmente está a la altura, es en el patio de recreo, cuando los niños eligen compañeros de equipo para una competencia atlética. El niño comienza a dudar de su valor si constantemente es de los últimos en ser elegidos.

El entrenador Ehrmann señala que cuando los niños alcanzan la pubertad, un segundo componente de la falsa masculinidad aparece: la conquista sexual. En los años de la adolescencia, la capacidad de un chico para relacionarse y atraer al sexo opuesto se convierte en una nueva manera de validar su masculinidad. Los adolescentes que quieren demostrar que son hombres comienzan a proyectar un tipo de imagen completamente nueva que creen que atraerá a las chicas. La mayoría de los adolescentes sueñan con crecer algún día para ser el mariscal de campo del equipo de fútbol que sale con la chica más hermosa de la escuela, la reina del baile, la porrista principal o la más popular.

El componente final de la falsa masculinidad con la que trata el entrenador Ehrmann se convierte en un factor cuando los hombres llegan al lugar de trabajo. Por supuesto, se mide por el éxito financiero. A lo largo del arco de su vida, un hombre obtiene su identidad por medio de los títulos en su trabajo y el tamaño de su cuenta bancaria. Aquellos con la posición más alta y con mayores ingresos son considerados hombres de verdad.

El autor Marx comparte estas perspectivas y más, extraídas de sus observaciones durante el tiempo que pasó con el entrenador

Ehrmann. Marx finalmente captura la esencia de la sabiduría de Ehrmann concluyendo, "Joe resumía nuestra progresión cultural de la falsa masculinidad en una manera fácil de recordar: 'de la cancha a la recámara, de la recámara a la billetera'".

En el proceso nos encontramos compitiendo y comparándonos con todos los hombres de nuestra esfera de influencia. Ehrmann cree que este enfoque de la vida lleva a los hombres a un tremendo fracaso. Es únicamente cuestión de tiempo.

Solo piensa cómo los niños comparan sus habilidades atléticas con otros y cómo el adolescente quiere salir con la chica más bonita de la escuela. Luego, como adultos, comparamos nuestras casas, nuestros autos y nuestras vacaciones con nuestros amigos en la comunidad. Incluso comparamos a nuestros hijos y sus logros, con los hijos de nuestros compañeros.

De lo que muchos hombres buenos no se dan cuenta es que ese enfoque de la vida es una completa tontería. La cancha, la recámara y la billetera, son meramente experiencias externas que no se traducen en contentamiento ni satisfacción interna permanentes. Además, con el paso del tiempo, la cancha, la recámara y la billetera, nunca pueden convencernos en nuestro interior más profundo que estamos verdaderamente a la altura como hombres.

LA VERDADERA MEDIDA DE UN HOMBRE

He reflexionado mucho sobre este tema. En mi puesto como director del Centro de Liderazgo Ejecutivo, a través de los años he visto un gran número de hombres que batallan con estas cuestiones. Ahora estoy en la segunda mitad de mi vida, y en esta fase como director ejecutivo de una organización sin fines de lucro, he llegado a ciertas conclusiones:

- Creo que la mayoría de nosotros nos damos cuenta de

que ser un gran atleta en nuestra juventud; ya no tiene tanto valor.

- Apuesto a que un puñado de hombres leyendo este libro, atrajeron a mujeres muy atractivas cuando eran jóvenes (ustedes saben quiénes son), pero ahora también ellos se dan cuenta que esto realmente ya no importa.
- He llegado a la conclusión de que la mayoría de los hombres que se acercan a la media vida e incluso mayores, especialmente aquellos cuyos hijos se han ido de casa, encuentran que sus vidas están enfocadas en dos cosas: lo que están logrando y lo que están experimentando.

LOGRO Y EXPERIENCIA

Cuando yo hablo de logro me refiero a:

- *En el lugar de trabajo:* asegurar un puesto importante, administrar un número creciente de personas, volverse indispensable para la productividad de una organización o la generación de ingresos.
- *Como empresario:* construir y hacer crecer tu propio negocio.
- *Como inversionista:* amasar una fortuna personal y un alto nivel de ingresos y retirarte a una edad temprana.

Estos son los principales medios por los cuales ganamos estatus en la comunidad y a los ojos de los demás. Nos da un sentido de importancia. Queremos poder decir con confianza: "Estoy a la altura".

La Verdad de un Hombre

Cuando hablo enfocarnos en nuestras experiencias me refiero a:

- *Los placeres de la vida:* ir a tu casa en el lago o en la playa; participar en eventos deportivos; cenar en buenos restaurantes; coleccionar libros, música o películas.
- *Pasatiempos:* caza, golf, pesca, esquí, carpintería, presenciar encuentros deportivos.
- *Viajes:* Europa en primavera y otoño, adquirir conocimiento del mundo y nuevas culturas, aprender nuevos idiomas y costumbres.

Los hombres que viven en culturas prósperas siempre han estado en búsqueda de experiencias felices y placenteras. Por supuesto, es por lo que el dinero tiene tanta importancia para nosotros. Ofrece una vida con fácil acceso a cualquier cantidad de tales experiencias satisfactorias. El dinero nos permite ampliar nuestras experiencias con buenos restaurantes, lujosas vacaciones y expandir nuestros pasatiempos.

Ahora bien, de ninguna manera estoy condenando los logros, el placer o el dinero. Pero me encanta lo que el personaje ficticio de la película basada en el libro de Winston Groom: *Forrest Gump,* dijo acerca del dinero:

"Mamá dijo: solo necesitas cierta cantidad de dinero para vivir, de ahí en adelante todo lo demás es para presumir".

Hay una gran sabiduría aquí.

En cierto sentido, supongo que podemos decir que el dinero es una medida de los logros. De hecho, nos brinda un método razonable para medir el valor agregado en un mundo complejo de negocios y comercio.

Además, si sigues los principios bíblicos para el trabajo (diligencia, buen servicio al cliente, esforzarse por la excelencia, honestidad, integridad), es muy probable que ganes todo el dinero que necesites. En cuanto al placer, bueno, el placer es idea de Dios. La experiencia sensual puede proporcionar un gran deleite cuando se disfruta dentro de los parámetros para los que Dios la diseñó. Pero Dios nunca tuvo la intención de que el placer pudiera satisfacer nuestros corazones.

Cuando lees las Escrituras, una de las cosas de las que te das cuenta rápida y claramente es que; los logros, el placer y la riqueza material necesaria para disfrutar tales experiencias no son del todo importantes por sí mismas a los ojos de Dios. Tales experiencias humanas tienen un lugar, legítimo y verdadero por supuesto; pero Dios nunca nos dice que las persigamos con gran vigor. Nunca se nos dice que persigamos los logros y el placer antes que todo, con todo nuestro corazón y mente.

Recuerda, la mayoría de las palabras de Dios relacionadas con el dinero, los logros y el placer, son palabras que nos advierten de su potencial influencia corruptible. Creo que también reconocemos que no dan a la vida de una persona mucho sentido o propósito. Piensa en el automóvil que estás manejando. ¿Honestamente, te da una verdadera sensación de satisfacción después de haberlo manejado 25,000 millas? ¿50,000 millas? ¿Por qué de repente un día te despiertas y deseas uno nuevo cuando el anterior funciona bien?

Creo que la mayoría de los hombres rara vez se detienen a pensar mucho sobre esto. Carros, botes, casas, comida, sexo y pasatiempos no determinan la medida de un hombre. Entonces, si los logros, el placer y el dinero, realmente no son tan importantes a los ojos de Dios, entonces, ¿qué es de fundamental importancia en la vida de un hombre? ¿Cómo determinamos qué es la verdadera masculinidad?

La Verdad de un Hombre

Desde el punto de vista de Dios, ¿cuál es la verdadera medida de un hombre?

UNA NUEVA PERSPECTIVA

Hace muchos años, alguien compartió conmigo las palabras del apóstol Pablo en el libro de Romanos (8:28) donde Dios declara que todas las circunstancias en la vida de una persona están trabajando juntas para su bien. Ese pensamiento me animó mucho, particularmente cuando me di cuenta de que la vida está llena de dificultades. El problema para mí era cómo interpretar la palabra bien.

Claro, yo quería "el bien en mi vida" y pensé que eso era lo que Dios quería para mí. Sin embargo, había interpretado que el bien para mi vida significaba: logros, comodidad, placer y prosperidad.

Después que esto me fue señalado, pronto me di cuenta de la importancia de observar el siguiente versículo en Romanos, puesto que el versículo 29 revelaba lo que realmente era bueno para mi vida a los ojos de Dios. Lo que yo consideraba que era una vida buena, no lo era en absoluto, con respecto a lo que Dios me había revelado que era. En Romanos 8:29 se nos dice que el bien supremo de la vida es que seamos conformados a la imagen de Su Hijo. Finalmente, me di cuenta de que el deseo de Dios para mí y para todos los hombres es llegar a ser más como Jesús. Hasta ese momento, toda mi vida había estado enfocada en lo que yo estaba logrando y en lo que estaba experimentando. Dios, por otro lado, estaba más preocupado por el tipo de hombre en que me estaba convirtiendo.

El tipo de hombres en que nos estamos convirtiendo – ¿no es exactamente esto lo que sugería Solzhenitsyn en la cita que leímos en el último capítulo? –. La prisión lo había hecho darse cuenta de que el objeto de la vida no era la prosperidad y placer, sino la madurez del alma.

Ahora, me doy cuenta de que vivimos en una cultura donde los hombres pueden no creer que la semejanza a Cristo sea muy varonil. Sé que, durante muchos años, no me interesaba mucho. En mi mente, significaba que tenía que ser más religioso, que tenía que alejarme del mundo y esconderme. Esto no es lo que yo deseaba para mi vida.

Sin embargo, a medida que estudiaba la vida de Jesús, comencé a darme cuenta de que Jesús no era religioso, al menos no lo que normalmente pensamos que eso es. Vivió en una cultura muy religiosa, donde muchas de las personas lo encontraban bastante despreciable:

- No siguió las tradiciones de la ley al pie de la letra.
- A muchos de los líderes religiosos no les agradaban las personas con las que se juntaba.
- Habló duramente a los fariseos y a otros hombres eruditos y con estatus.
- Empeoró los asuntos políticos cuando los seguidores de los fariseos comenzaron a seguirlo a Él y a Sus enseñanzas.

Dios nos pide que nos esforcemos por ser como Cristo en todos nuestros pensamientos, palabras y hechos. La semejanza a Cristo es el objetivo y yo estaría dispuesto a decir que tal vida, no es una vida de auto rectitud o la ausencia de logros y placer. A lo largo de los años, lo que he llegado a reconocer es que Cristo simplemente nos está instruyendo a cada uno de nosotros a:

- Ser transformados en nuestro carácter.
- Crecer en sabiduría.
- Amar, tener compasión y tener relaciones de calidad.

La Verdad de un Hombre

El carácter, la sabiduría y el amor, constituyen la esencia de lo que significa ser un hombre auténtico. De hecho, me gustaría hablar del significado de cada una de estas cualidades y por qué es tan importante que las poseamos.

SER TRANSFORMADOS EN NUESTRO CARÁCTER

El carácter del hombre no es estático. Ciertas cualidades de carácter en nuestras vidas están ya sea aumentando o disminuyendo. Desafortunadamente, en el mundo de los negocios, parece estar ocurriendo una erosión general en el carácter de los hombres. De lo que no nos damos cuenta es que cuando la imagen y la apariencia se vuelven preeminentes en nuestras vidas, el corazón y el alma serán descuidados. Las costumbres del mundo comercial fácilmente pueden carcomer nuestro carácter si no nos mantenemos en guardia.

Cuando pensamos en el carácter, generalmente pensamos en la honestidad, la integridad, la diligencia, la justicia y el desinterés. Pero en el corazón del carácter está la capacidad de refrenar nuestros deseos. A medida que un hombre crece en carácter, desarrolla los músculos del autocontrol.

He encontrado una relación obvia entre el carácter del hombre y su reputación. Nuestra reputación es la forma en que las personas nos ven. Cada persona que lee este libro tiene una reputación. La forma en que nos vemos a nosotros mismos y la forma en que nos ven los demás no es necesariamente lo mismo. Lo que pasa es que nos consumimos tan fácilmente con lo que otros piensan de nosotros, que quedamos atrapados creando una apariencia, impresionando a los demás y ganando su aprobación.

En el proceso, en contra de nuestros mejores intereses, nos vemos comprometidos. Nuestra reputación sufre. Muchos hombres no se dan cuenta que una buena reputación es un subproducto de un carácter fuerte. Además, nuestro carácter sirve como una brújula que nos guía por la vida. Nuestro carácter, en última instancia, nos permite saber quiénes somos y de qué se trata nuestra vida. Otra forma de verlo es, decir que el carácter no se trata de placer y logros. De hecho, cuando el placer y los logros se convierten en la fuerza motriz de la vida del hombre, generalmente conduce a la consecuencia no deseada, la erosión del carácter.

El autor y orador Ravi Zacharias ha dicho:

> Recuerdo una ocasión en que un hombre de negocios, mirando hacia atrás en su vida, compartió conmigo sus recuerdos de una vida moralmente destrozada. Él dijo, "comenzó con mi imaginación que reforzó ciertos malos deseos. Luego, después de haber tomado repetidamente decisiones, que estaban claramente equivocadas, en traición tras traición, me convencí de que me había dado gusto en aquello que necesitaba. Cuanto más me convencía de que lo necesitaba, pronto redefiní quién era como persona. Ahora, cuando miro en lo que me he convertido, ya no puedo vivir conmigo mismo. Odio quien soy. Emocionalmente estoy corriendo, pero no sé a dónde ir".

Esta es una fotografía de un hombre que ha perdido la brújula moral y que, por lo tanto, está completamente perdido.

Una vez más, nuestra reputación es la forma en que otras personas nos ven, mientras que nuestro carácter es lo que realmente somos. Si el enfoque de nuestras vidas está en el desarrollo de nuestro carácter y la madurez de nuestras almas, entonces nuestra reputación se cuidará por sí sola. En última instancia, seremos conocidos por lo que somos y no por las impresiones que causamos en los demás.

La Verdad de un Hombre

CRECER EN SABIDURÍA

Según el libro de Proverbios en el Antiguo Testamento, la sabiduría es una de las mayores posesiones de la vida. Un componente importante de la sabiduría es tener la habilidad de ver las cosas como realmente son y no solo como parecen ser. Esta habilidad es tan importante, porque a medida que avanzamos en las distintas etapas de la vida, desarrollamos continuamente ideas que explican cómo funciona la vida. Estos diversos conjuntos de ideas gobiernan nuestro pensamiento, diciéndonos cómo es el mundo y cómo debemos vivir en él. La sabiduría permitirá al hombre distinguir entre las ideas de la vida que son verdaderas y aquellas que son falsas.

Stephen Covey sostiene que, si los hombres realmente van a llevar vidas saludables y vibrantes, sus ideas acerca de la vida deben estar arraigadas en lo que es verdad. Él comparte una maravillosa ilustración que demuestra la importancia de esta verdad:

"Supón que deseas llegar a un lugar específico en el centro de Chicago. Un mapa de las calles de la ciudad sería de gran ayuda para llegar a tu destino. Pero supongamos que te dieron el mapa equivocado. Por un error de imprenta, el mapa con la etiqueta de "Chicago" era en realidad un mapa de Detroit. ¿Te imaginas la frustración, la ineficacia de tratar de llegar a tu destino?

Podrías trabajar en tu comportamiento – podrías esforzarte más, ser más diligente, duplicar tu velocidad –. Pero tus esfuerzos solamente servirían para llevarte al lugar equivocado más rápido.

Podrías trabajar en tu actitud, podrías pensar de manera más positiva. Incluso así, no llegarías al lugar correcto, pero tal vez no te importaría. Tu actitud sería muy positiva, estarías feliz donde quiera que estuvieras.

El punto es que aún estarías perdido. El problema fundamental no tiene nada que ver con tu comportamiento o con tu actitud. Tiene todo que ver con tener un mapa equivocado.

Si tienes el mapa correcto de Chicago, entonces la diligencia se vuelve importante, y cuando te encuentras con obstáculos frustrantes a lo largo del camino, entonces la actitud puede hacer una diferencia real. Pero el primer y más importante requisito es la precisión del mapa".

Esto es lo que he aprendido que es una verdad en la vida de muchos hombres. Están intentando vivir sus vidas con mapas que son totalmente inexactos. Tienen ideas falsas sobre la vida, la masculinidad, el éxito y la identidad. Es por eso, que tantos hombres se sienten realmente perdidos cuando la economía, sobre la cual no tienen control, pone sus vidas de cabeza. De lo que no se dan cuenta es que interpretan todo lo que experimentan a través de estos falsos mapas, estas falsas ideas que han desarrollado mentalmente a lo largo de sus vidas.

La sabiduría juega un papel crucial en nuestras vidas. El desarrollo de la sabiduría es uno de los temas más destacados de toda la Biblia. Los antiguos creían que la forma más eficaz en que los humanos se enfrentaban a los principales problemas de la vida era la sabiduría. Como también hemos leído, la solución de Pascal para las luchas de la vida que provienen de abrazar ideas falsas es simplemente desarraigarlas y reemplazarlas con sabiduría.

Ahora lee las palabras de Salomón en Proverbios 3:13-18, respecto a la importancia de la sabiduría:

> *"Dichoso el que halla sabiduría,*
> *el que obtiene inteligencia;*
> *porque son más provechosas que la plata*

La Verdad de un Hombre

y rinden mayores beneficios que el oro.
La sabiduría vale más que las piedras preciosas;
¡ni aun las cosas más deseables se le pueden comparar!
Con la mano derecha ofrece larga vida,
y con la mano izquierda, riquezas y honores.
Seguir sus pasos es muy agradable;
andar por sus senderos es vivir en paz.
La sabiduría es vida para quien la obtiene;
¡dichosos los que saben retenerla!".

Conforme leo estas palabras, es difícil no concluir que, sí, la sabiduría es una de las posesiones más valiosas en la vida, particularmente cuando nos concentramos en estas palabras en particular:

"*La sabiduría vale más que las piedras preciosas;*
¡ni aun las cosas más deseables se le pueden comparar!".

Vivimos en una época en la que estamos inundados de información, y muchas personas están convencidas que tienen una verdadera ventaja en la vida si tienen una gran cantidad de conocimiento. Sin embargo, cada día leemos de muchos necios brillantes que arruinan sus vidas, sus negocios y sus familias, tomando malas decisiones. Muchas personas muy cultas, carecen de sabiduría.

Lo que no reconocemos, es que *la cantidad* de lo que sabemos, no es de suma importancia. Lo que importa es la calidad de lo que sabemos. La calidad de nuestro conocimiento está en el corazón de la sabiduría.

El autor Richard Foster cree que la superficialidad es la maldición de la era moderna. Sostiene que la necesidad desesperada de nuestros días no es por un mayor número de personas inteligentes o talentosas, sino por un mayor número de personas más sabias, que tengan profundidad en sus vidas. Él cree que la sabiduría es la respuesta a un mundo vacío.

Desafortunadamente, la mayoría de los hombres modernos parecen descartar la naturaleza y el valor de la sabiduría hasta el punto donde ya no tiene importancia para ellos. Creo que para la mayoría de nosotros las distracciones y el ritmo frenético de una cultura tecnológica, no fomentan el pensamiento profundo, la reflexión, o la introspección.

Además, la mayoría de las personas creen que el resultado final de sus vidas depende de las decisiones morales que tomen. Si toman decisiones moralmente buenas, estas personas piensan que sus vidas marcharán bien. Y ciertamente las decisiones moralmente malas pueden arruinar la vida de una persona. Pero esto es parcialmente cierto. La sabiduría trata con la verdadera claridad en nuestro pensamiento, y es por eso que la atesoramos tanto. Es mucho, mucho más que solo ser moral y bueno.

Sabiduría es saber qué hacer en todas las situaciones, no únicamente en situaciones morales. De hecho, la sabiduría se aplica en la vasta mayoría de las situaciones de la vida en las que las reglas morales solamente tienen una aplicación nominal. La primera vez que leí este pensamiento desarrollado por Tim Keller, estaba muy agradecido por su notable don de percepción. Él sostiene que la mayoría de las decisiones y elecciones que hacemos cada día, no son específicamente elecciones morales. Visto en este contexto, mi perspectiva cambió y ahora entiendo claramente que la sabiduría incorpora tanto el juicio como la moralidad.

Por ejemplo, los siguientes son algunos de los temas fundamentales, mas no esencialmente morales en nuestras vidas:

- Elección de una carrera/cambio de carrera.
- Lidiar con adolescentes.

- Decisiones financieras.
- Decisiones de inversión.

Y preguntas que tenemos, como:

- ¿Debería confrontar a alguien?
- ¿Debería tomar este riesgo?
- ¿Cómo debería pasar mi tiempo?
- ¿Cuáles son mis prioridades?

La sabiduría es una combinación de buen juicio y elección moral; juntos se complementan entre sí, y las consecuencias de la combinación de tales elecciones, darán forma a nuestras vidas.

La sabiduría es saber cómo funcionan las cosas realmente y por qué suceden, y entonces saber qué hacer al respecto.

La sabiduría, entonces, nos ofrece una percepción de las cosas, tanto la realidad física como la realidad espiritual. La sabiduría nos permite crecer en aptitud, a medida que respondemos a las realidades de la vida. La sabiduría es saber cómo funcionan las cosas realmente y por qué suceden, y entonces saber qué hacer al respecto.

La Biblia dice que Dios diseñó la vida de acuerdo con la sabiduría; por lo tanto, hay un patrón o estructura para toda la realidad. Es la sabiduría que adquirimos la que nos permite percibir esos patrones o estructuras y vivir en armonía con ellos.

AMOR, COMPASIÓN Y RELACIONES DE CALIDAD

Joe Ehrmann dice que el verdadero sello de un hombre se encuentra en la calidad de sus relaciones; la capacidad que tienes para amar y ser amado. Cuando hagas un repaso de tu vida al final de ella, lo único que realmente va a importar son las relaciones que has tenido.

Hay tantas relaciones importantes en la vida. Podemos hablar sobre matrimonio o de las relaciones con nuestros hijos, pero abordemos un par de observaciones sobre la amistad con otros hombres. Creo que este es un tema muy importante, porque las amistades y las relaciones de calidad entre los hombres son difíciles de encontrar, pero la amistad puede brindar algo a nuestras vidas que el matrimonio y la familia no pueden.

El Dr. Eugene Kennedy, un profesor de psicología de la Universidad de Loyola, en una entrevista con la revista *U.S. News and World Report*, tuvo algunos pensamientos interesantes sobre la amistad que fueron dirigidos a los hombres principalmente:

"Hay un profundo anhelo de amistad, una conmovedora búsqueda por la clase de cosas que solo te dan las relaciones cercanas y duraderas. Pero a las personas les resulta difícil saber cómo hacer amigos, porque nuestra sociedad les ha dicho que la autosatisfacción los hará exitosos y felices. Por lo tanto, las personas no están bien consigo mismas y no aprecian las cosas simples de su propio carácter. Piensan que tienen que ser algo diferente de lo que son".

Una vez más, regreso al libro *Season of Life* ("Temporada de la Vida"). En la entrevista con Jeffrey Marx, el entrenador Joe Ehrmann lamenta el hecho de que los hombres siempre se están comparando y compitiendo, preguntándose cómo pueden estar a la altura de otros

La Verdad de un Hombre

hombres. Esto los deja con sentimientos de aislamiento y soledad. El entrenador Ehrmann menciona un estudio que había leído el cual reveló un hecho triste: la mayoría de los hombres mayores de treinta y cinco años no tienen amigos de verdad, alguien cercano a ellos con quien puedan ser vulnerables y compartir sus pensamientos y sentimientos más profundos.

Armond Nicholi Jr., en el libro *The Question of God ("La Cuestión de Dios"),* habla sobre la visión de la amistad de C.S. Lewis. Lewis, por años ateo, tenía un punto de vista muy pesimista de la vida y no tenía amigos. Ya como cristiano su visión de la vida y de las relaciones interpersonales se transformó. Como lo dijo Nicholi, nada le produjo a Lewis más alegría que sentarse alrededor de una fogata con un grupo de amigos cercanos teniendo una buena discusión o dando largas caminatas con ellos por la campiña inglesa:

> "Mis horas más felices", escribió Lewis, "las paso con tres o cuatro viejos amigos, vestidos con ropa vieja paseando juntos, alojándose en pequeñas posadas, o sentados hasta la madrugada en la habitación de algunos de ellos hablando tonterías, poesía, teología, metafísica... No hay sonido que me guste más que... la risa". En otra carta a su amigo Greeves, Lewis escribió: "La amistad es el mayor de los bienes terrenales. Ciertamente, para mí es la principal felicidad de la vida. Si tuviera que dar un consejo a algún joven, acerca de un lugar en dónde vivir, pienso que debería decir, 'sacrifica casi todo lo que tienes para vivir donde puedas estar cerca de tus amigos'". Lewis pasó de ser un introvertido cauteloso con muy pocas relaciones cercanas a ser una persona extrovertida con un gran récord de amigos cercanos y colegas. George Sayer, un biógrafo que conoció al Sr. Lewis por unos treinta años, y Owen Barfield, un amigo cercano por más de cuarenta años, describieron a Lewis después de su [conversión]: "Era excepcionalmente alegre

y se deleitaba casi como un niño en la vida". Ellos lo describen como "muy divertido, un compañero extremadamente ingenioso y entretenido... Considerado... Más preocupado por el bienestar de sus amigos que el de él mismo".

Creo que Lewis reconoció que, sin grandes amistades, la vida puede estar virtualmente en bancarrota. Además, las verdaderas amistades tienen que ser buscadas y forjadas intencionalmente con el tiempo. Y cuando estemos dispuestos a salir de nuestro escondite, ser vulnerables y estar dispuestos a compartir nuestros secretos con uno o dos amigos cercanos, estas amistades se profundizarán. Al parecer el poder de honrar la verdad y decirla abiertamente, es la base para convertirse en un hombre sano y auténtico.

Entonces, cuando pensamos en la hombría y la masculinidad, debemos reconocer que el carácter, la sabiduría y nuestra capacidad de amar a los demás, son la base para ser un hombre. Al considerar estos componentes de la verdadera hombría, debemos hacernos la pregunta, *¿qué puedo hacer yo, para que esos componentes se hagan realidad en mi vida?*

La respuesta es: no podemos, por lo menos no en nuestras propias fuerzas y poder. La verdad es que no tenemos los recursos dentro de nosotros mismos para producir estas cualidades. Agustín se dio cuenta qué tan endebles y débiles somos y, por lo tanto, entendió que necesitaba algo fuera de sí mismo que viniera y transformara su vida, algo o alguien que pudiera venir y capacitarlo para hacer lo que él no podía hacer en sus propias fuerzas. Se dio cuenta que esa persona solo podía ser Dios. Solo Él puede producir la transformación que necesitamos fortaleciendo nuestros corazones, iluminando nuestras mentes y dándonos una mayor capacidad de amar.

La Verdad de un Hombre

UNA TAREA DE NECIOS PAGADA CON ORO DE NECIOS

Hay una parábola en el libro de Lucas (12:15-21), que tiene mucha relevancia para las personas en el mundo de los negocios. John Ortberg ha tomado esta parábola y la relata en un escenario moderno. Aunque alarga un poco la historia, destaca la verdad central que Jesús estaba enseñando en la parábola.

Hubo un hombre muy exitoso que era dueño de un negocio muy próspero. Como muchas personas exitosas, estaba consumido por su trabajo, hizo todo lo que fuera necesario para cumplir con éste. Incluso, cuando no estaba laborando, su mente siempre estaba en su negocio.

En casa, su esposa continuamente trataba de hacerlo bajar el ritmo para que pasara más tiempo en familia. Él era vagamente consciente de que los niños estaban creciendo y que se estaba perdiendo de ello. Sin embargo, los hijos habían llegado al punto de no esperar mucho de él.

Continuamente pensaba dentro de sí, "estaré más disponible el siguiente año cuando las cosas se calmen". Sin embargo, parece nunca darse cuenta de que las cosas no se calman jamás.

Continuamente se recuerda a sí mismo y a su esposa, "lo estoy haciendo para ti y los niños".

Su esposa lo [anima] a [ir] a la iglesia y en ocasiones va, pero prefiere dormir hasta tarde porque es el único día que puede hacerlo. Tendrá más tiempo para la iglesia cuando las cosas se calmen.

Una noche, sintió una punzada en el pecho y su esposa lo llevó de urgencia al hospital. Ha sufrido un infarto leve. Su doctor le indica los cambios que tendrá que hacer en su estilo de vida. Así que reduce las carnes rojas, los helados y comienza un programa de ejercicios. Pronto se siente mucho mejor y todo el dolor desaparece. Eventualmente deja de hacer lo que el doctor le indicó, recordándose a sí mismo que se pondrá en mejor forma cuando las cosas se calmen.

Un día, el director financiero de su compañía viene a verlo. Le dice que su negocio está prosperando al punto que "ya no podemos estar al día con tantos pedidos". Tenemos la oportunidad de tener una 'mina de oro'. Si podemos atrapar esta ola, la vida de todos estará resuelta. Ahora bien, necesitamos instalaciones más grandes, nuevos equipos, nueva tecnología y sistemas de entrega de última generación para estar al día con todas las órdenes".

Así que el hombre se consume más en su trabajo, cada minuto despierto está dedicado a esta oportunidad única en la vida.

Él le dice a su esposa: "Sabes lo que esto significa, ¿verdad? Cuando termine con esta nueva etapa, podré relajarme. Tendremos la vida resuelta. He cubierto todas las bases, he preparado todo para cualquier contingencia. Estaremos financieramente seguros y podremos por fin hacer esos viajes que has deseado". Ella, por supuesto, había escuchado esto antes, por lo que no se hizo muchas ilusiones.

Cerca de las 11:00 de esa noche, le dice a su esposo que se irá a la cama y le pregunta si estaba listo él también. "Adelante, yo subiré en un minuto, tengo una cosa que quiero terminar..." mientras que se sentaba frente a su computadora.

Ella sube, se duerme y despierta a las 3:00 a.m., se da cuenta que su esposo no está en la cama. Baja para buscarlo y lo encuentra dormido frente a su computadora. Extiende su mano para despertarlo, pero su piel está fría. Él no responde. Ella siente una sensación de malestar en la boca del estómago y llama al 911.

La Verdad de un Hombre

Cuando llegan los paramédicos, le dicen que murió de un infarto masivo al corazón hace algunas horas. Su muerte es el principal tema de discusión en la comunidad financiera. Su extenso obituario fue publicado en todos los periódicos. Es una pena que haya muerto, porque le hubiera encantado haber leído todas las cosas buenas que escribieron sobre él.

Tienen un servicio funerario y debido a su prominencia, toda la comunidad acude a él. Varias personas se levantan para elogiarlo en el servicio. Uno dijo, "él era uno de los principales empresarios del momento, era un verdadero líder". Y otro dijo, "él fue un verdadero innovador en nuevas tecnologías y en sistemas de entrega". El tercero dijo, "fue un hombre de principios, nunca engañó a nadie". Muchos hicieron notar que fue un pilar en la comunidad, era conocido y querido por todos. Su vida fue realmente un éxito.

Luego, lo sepultaron y todos se fueron a casa. Más tarde esa noche, en el cementerio, un ángel de Dios viene y se abre paso entre las lápidas y tumbas. Se para frente a la lápida conmemorativa de este hombre y señala con su dedo la única palabra que Dios eligió para resumir la vida de este hombre. Si estás familiarizado con la parábola tú conoces la palabra. "Necio".

Escucha la conclusión simple y directa de Jesús de la parábola en Lucas 12:20-21:

"¡Necio!, esta misma noche vienen a pedir tu alma, y lo que tienes guardado, ¿para quién será? Así es el hombre que atesora para sí, y no es rico para con Dios", [y las cosas de Dios].

Esto me hace darme cuenta de que mi mayor temor, nunca debería de ser el temor al fracaso, sino el temor de invertir toda mi vida en cosas que en realidad no importan. Jesús está revelando que esto es lo que este hombre ha hecho.

En *Season of life (Estaciones de la Vida)*, Ehrmann dice: la verdadera masculinidad involucra dedicar tu vida a una causa que sea más grande que tus propios anhelos, sueños y deseos. Vivimos en una cultura que mide la grandeza por crear un negocio, amasar grandes fortunas o ser una celebridad. Pero en mi opinión, la verdadera grandeza es medida por el impacto que causas en la vida de otros. Pero el hombre de la parábola no tenía interés en eso. Ahora, no sé tú, pero lo que encuentro más convincente en esta parábola es cuando Jesús dice: "Así es el hombre que atesora para sí y no es rico para con Dios". ¿Qué está diciendo Jesús cuando se refiere a "ser rico para con Dios" o encontrar las verdaderas riquezas de la vida? ¿Qué es lo que en esta vida ha identificado Dios que tenga semejante valor verdadero? En un sentido, yo pienso que ya lo hemos identificado:

- *El carácter del hombre:* Vale más tener buena fama y reputación, que una gran riqueza. (Proverbios 22:1).
- *Adquirir sabiduría:* Más valiosa que la plata y el oro; nada de lo que desees se compara con ella. (Proverbios 3:13-18).
- *La calidad de nuestras relaciones:* Nada tiene mayor valor que nuestras relaciones; verdaderamente no tienen precio. (1 Juan 4:7).

Y finalmente, el apóstol Pablo, un rico fariseo, tuvo que sacrificar toda su fortuna y su poder cuando se convirtió al cristianismo. Sin embargo, con mucho gusto se despojó de todos sus adornos mundanos porque encontró la posesión más valiosa de toda la vida:

La Verdad de un Hombre

"Considero todo sin valor en comparación con el valor insuperable de conocer a Cristo Jesús, mi Señor, por quién lo perdí todo, y lo considero basura, a fin de obtener esta relación con Cristo". (Filipenses 3:8, paráfrasis del autor).

Pablo dijo que esta relación ha cambiado todas sus ambiciones mundanas de la vida. El cristianismo no se trata de seguir un montón de reglas y prácticas religiosas. Es conocer personalmente a Cristo y caminar con Él a lo largo de la vida.

[Los hombres] no quieren a Dios. Pueden creer en Él, pueden buscar Su favor asistiendo a la iglesia, ciertamente quieren que Él los bendiga, pero no quieren conocerlo y estar cerca de Él...

A medida que envejezco, la triste verdad que encuentro en la vida de muchos hombres es que no quieren a Dios. Pueden creer en Él, pueden buscar Su favor asistiendo a la iglesia, ciertamente quieren que Él los bendiga, pero no quieren conocerlo, estar cerca de Él, o permitir que Él los guíe en la vida.

Tengo un amigo, un doctor local, que te dirá que su vida cambió de manera radical espiritualmente cuando escuchó estas palabras que Jesús habló en el sermón del monte, Mateo 7:21-23,

"No todos los que me dicen: "Señor, Señor," entrarán en el reino de los cielos.... Muchos me dirán en el día del juicio: "Señor, Señor, ¿no predicamos en tu Nombre, y en tu Nombre echamos fuera demonios, e

hicimos grandes obras en tu Nombre?... *Entonces les diré claramente: Nunca los conocí. ¡Apártense de mí!...*". (Paráfrasis del autor).

Mi amigo dijo que cuando escuchó estas palabras: "Nunca te conocí", reconoció que Cristo estaba hablando de él. Reconoció que él era "un buen hombre que asistía a la iglesia y creía en Jesús, pero no lo conocía". Por eso Pablo nos dice que nada en la vida se puede comparar con el increíble valor de conocer a Cristo. Porque esta relación no solo tiene el poder de transformar nuestras vidas, sino que también es la verdadera marca de una persona que Dios acoge en Su reino.

PROFUNDO Y, AUN ASÍ, TAN SIMPLE

Me conmovieron mucho las palabras del Dr. Peter Moore, mientras reflexionaba sobre su vigésima quinta reunión de la Universidad de Yale:

> Volviendo a mi vigésima quinta reunión de la Universidad de Yale, observé cómo bajaban de sus Mercedes-Benz a las puertas del Antiguo Campus, los miembros – de aspecto opulento – de la generación de 1958 junto con sus esposas; uno tras otro.
> El programa anunciaba que algunos exalumnos se estaban preparando para decirnos al resto de nosotros acerca de las lecciones que habían aprendido escalando escaleras hacia el éxito. Deambulando por los senderos del campus que me eran familiares, esa primera tarde de la reunión, dos preguntas pesaban en mi mente: "¿Había tenido éxito?... ¿Qué era el éxito?". La ocasión, impregnada de nostalgia, ameritaba que se hicieran esas preguntas y que por lo menos, se hiciera el intento

de responderlas. A fin de cuentas, después de un cuarto de siglo, ¿qué podría uno mostrar de toda esa costosa educación?

Traté de ser tan honesto como pude conmigo mismo. Me negué a refugiarme en respuestas fáciles de que, después de todo, yo había comenzado esto y hecho aquello. Mientras meditaba así, de pronto recordé que un amigo que era rector de una iglesia cercana me había invitado a reunirme con él y con un puñado de feligreses en su tradicional oración de las 5:00 p.m. Me apresuré a cruzar el campus hasta la iglesia de St. Jhon's y tomé mi lugar mientras el servicio comenzaba, todavía muy preocupado por las preguntas que no podía quitarme de la cabeza.

Llegó el tiempo de una parte conocida del servicio, registrada en Lucas 2, donde el anciano Simeón levanta al niño Jesús en el templo y bendice a Dios con las palabras: "Señor, ahora deja que tu siervo se vaya en paz, conforme a tu palabra; porque mis ojos han visto tu salvación". Al escuchar estas palabras, sentí que una tranquila seguridad se instalaba en mi alma. Toda la anticipación de muchos años del sabio anciano Simeón encontró su cumplimiento gozoso en el momento en que se dio cuenta que allí, en sus brazos, estaba el tan esperado Mesías. Tal era la sensación de plenitud que le causaba el haberse dado cuenta de esto, que ahora estaba listo para "partir – o morir – en paz".

En la quietud del servicio descubrí lo que era el verdadero éxito. Llegó a mí silenciosamente, pero de manera clara, que lo único que valía la pena llamar éxito era llegar al conocimiento de Dios y poder contemplarlo en el rostro de Su Hijo. Me parecía un conocimiento tan profundo, sin embargo, tan simple, que hacía que incluso el más pequeño logro fuera de gran importancia cuando era hecho a la luz de éste.

Estas palabras del Dr. Moore, que se encuentran en su libro: Disarming the secular Gods *("Desarmando a los dioses seculares")*, me recuerdan las últimas palabras de sabiduría de David a su hijo Salomón, pronunciadas justo antes de morir:

"En cuanto a ti, hijo mío Salomón, conoce al Dios de tu padre y sírvele con todo el corazón y con una mente dispuesta, porque el Señor escudriña todos los corazones, y entiende toda intención de los pensamientos. Si lo buscas, Él permitirá que lo encuentres; pero si lo abandonas, Él te rechazará para siempre". (1 Crónicas 28:9).

Fíjate, el Rey David no dice sé un buen rey, lleva una buena vida, cree en Dios. No, por el contrario, dice que es crucial que conozcas a Dios. Le está diciendo a Salomón que, si lo hace bien, el resto de su vida caerá en su lugar. Y quizás lo más importante para los hombres que luchan en el mundo de hoy son las palabras del rey David:

"Si lo buscas, Él permitirá que lo encuentres".

Si esto es cierto, entonces cada uno de nosotros, hoy, ahora mismo, en este preciso momento, estamos tan cerca de Dios como queremos estar, tanto como elegimos estar.

PARTE III • UNA VIDA BIEN VIVIDA

¿Dónde está la vida que hemos perdido al vivir?

¿Dónde está la sabiduría que hemos perdido en el conocimiento?

¿Dónde está el conocimiento que hemos perdido en la información?

—T.S. Eliot, *Choruses from "The Rock"*

6

LA MAYOR PARADOJA DE LA VIDA

> La larga y dolorosa historia del mundo es que las personas sean tentadas a elegir el prestigio y el poder sobre el amor, estar a cargo por encima de ser guiados, ser servidos por encima de servir a los demás.
>
> —Henri Nouwen

Hace algunos años, me reuní varias veces con un hombre a quien describiría como un agnóstico. Era un individuo inteligente y bien educado, que claramente buscaba la verdad espiritual. Después de unos seis meses pasó por mi oficina y anunció que estaba listo para convertirse al cristianismo. Me sorprendí tanto que casi me podrías haber levantado del piso.

Me dijo que una de las principales razones por las que había llegado a esta decisión era que, en su búsqueda, mucho de lo que había leído en la Biblia era contraintuitivo. Las enseñanzas bíblicas van contra la corriente del instinto natural y la razón humana. Dijo que había llegado a la conclusión de que la Biblia y la sabiduría que hay en ella, no podrían haber sido inspiradas por un simple hombre.

Muchas de las verdades importantes de Dios son ajenas al mundo en que vivimos porque, de hecho, son contrarias a la intuición. Arriba parece estar abajo, abajo parece estar arriba. Por esta razón, las verdades bíblicas parecen ser una completa tontería para algunas personas.

Lo que estas personas no reconocen es que muy a menudo la sabiduría de Dios, la verdad de Dios, es paradójica. La palabra paradoja en el diccionario Webster es definida como: "un principio que es contrario a la opinión recibida. Una declaración o principio que aparentemente es contradictorio y se opone al sentido común, pero que de hecho puede ser cierto".

NO ES UNA PARADOJA CUALQUIERA

Quiero presentarte una paradoja que es esencial para una vida bien vivida. No obstante, lo que me gustaría compartir contigo, no es solamente una paradoja cualquiera; me gusta llamarle "La mayor paradoja de la vida". Esta paradoja nos golpea directamente el corazón como hombres, y sus ramificaciones son increíblemente significativas en todas las áreas de nuestras vidas – en nuestra vida laboral, en nuestra vida relacional y en nuestra vida espiritual –. Es de fundamental importancia si quieres vivir una vida excepcional.

En pocas palabras, la mayor paradoja de la vida se puede resumir en las palabras: *La verdadera fuerza se encuentra en la humildad*. El apóstol Pablo, nos lo dice en 2 Corintios 12, cuando revela una lucha en su propia vida con lo que él llama "un aguijón en la carne". Le pide a Dios que quite el dolor y el sufrimiento de esta aflicción. La respuesta de Dios es no, y en cambio Él le dice a Pablo: "Bástate mi gracia, porque mi poder se perfecciona en la debilidad".

La Mayor Paradoja de la Vida

No sé tú, pero en mi opinión, este es un concepto muy interesante y desafiante. Ciertamente no se enseña en la Escuela de Negocios de Harvard y es claramente contrario a la intuición. Pablo revela que la fuerza interior se encuentra únicamente cuando estamos dispuestos a reconocer nuestras debilidades, nuestras deficiencias y nuestras incapacidades a medida que nos humillamos a nosotros mismos. Pablo refuerza la paradoja cuando dijo: "Cuando soy débil, entonces soy fuerte".

Me gusta pensar en esto más como un misterio que como un principio, porque solo puede ser verdad con la gracia de Dios, sin la cual sería una completa tontería. Solo con la gracia de Dios podemos encontrar la verdadera fortaleza, y proviene de reconocer nuestras debilidades mientras que nos humillamos ante Él. Es una fuerza que nos lleva a través de los momentos más difíciles. Es la fuerza que nos da el poder para cambiar nuestras vidas.

A medida que exploramos los fundamentos de esta paradoja, sería mejor que primero veamos detenidamente el concepto bíblico de debilidad. Abordemos el problema indirectamente considerando primero el espinoso asunto del orgullo.

ORGULLO Y ARROGANCIA

Si la paradoja – encontrar la fuerza en la humildad – es cierta, entonces podemos concluir lógicamente que el orgullo y la arrogancia son lo que debilita a los hombres.

A menudo me encuentro siendo cuestionado por hombres sobre la semántica de la palabra *orgullo* más que casi cualquier otra palabra en la Biblia. Cuando la uso, no me refiero a enorgullecerte de tu trabajo, tu familia o tus logros ya que se relaciona con tus dones individuales y tus esfuerzos por la excelencia.

Cuando la Biblia habla del orgullo, se refiere a la arrogancia, al "sentimiento de superioridad". La palabra griega para orgullo es hubris, "tener una visión demasiado elevada de uno mismo". Y no por casualidad, es en la altivez de hubris donde encontramos una ambición dominante que ha derribado a muchas figuras heroicas en las artes dramáticas.

Mientras lees estas palabras, podrías estar pensando, *no tengo problemas con el orgullo. No es algo con lo que batalle. Ahora bien, Joe, mi vecino; y Tom, mi socio comercial; y Bill, de la universidad –sí, ¡pero yo no!–*.

Puede que estés familiarizado con estas palabras de C.S. Lewis, de su libro clásico *Mere Christianity* ("Mero Cristianismo"):

> "Hay un vicio del que ningún hombre en el mundo está libre; el cual todos en el mundo detestan cuando lo ven en alguien más; y que casi ninguna persona, excepto el cristiano, siquiera imagina que él mismo es culpable de ello... No he escuchado a nadie que no fuera cristiano acusarse de este vicio... No hay falta que haga a un hombre más impopular, y no hay falta de la que seamos más inconscientes en nosotros mismos. Y cuanto más lo tenemos nosotros mismos, más nos desagrada en los demás".

Qué línea tan increíblemente poderosa ha escrito C.S. Lewis: "Y cuanto más lo tenemos [orgullo y arrogancia] nosotros mismos, más nos desagrada en los demás". ¿Es esto una paradoja dentro de una paradoja?

Lewis, sin embargo, reserva sus palabras más poderosas para su punto final:

> "El vicio del que hablo es el orgullo o el engreimiento... El orgullo conduce a todos los demás vicios: es el estado mental completamente – anti-Dios –".

La Mayor Paradoja de la Vida

Lewis nos está diciendo que el orgullo y la arrogancia – el estado mental anti-Dios – es muy mortal debido a que es muy insidioso. Crece y se desarrolla lentamente en nuestras vidas, estableciéndose sin darnos cuenta. Además, es de naturaleza agresiva y crea en nosotros un deseo de ser superiores; por ejemplo, "estoy satisfecho con mi riqueza siempre y cuando sea más rico que tú".

¿No nos ayuda esto a entender por qué siempre nos estamos comparando con otros? Piensa cómo secretamente nos comparamos a nosotros mismos, nuestros logros, nuestro estilo de vida, e incluso nuestros hijos con los hijos de otras personas. Envidiamos; comparamos; todos estamos en riesgo de ser arrogantes.

Creo que a veces todos nos encontramos sujetos a la atracción de la comparación, al anhelo de admiración y la fama. Después de todo, estas son las medidas del éxito que ofrece el mundo. Sin embargo, la arrogancia y el orgullo, a diferencia del verdadero y humilde contentamiento por un trabajo bien hecho al servicio de los demás, nos llevan por un camino resbaladizo y destructivo conforme tratamos de impresionar a otros. A menudo, nos hacen adornar y exagerar nuestros éxitos y logros en el proceso.

Pero me gustaría señalar que el orgullo tiene un lado aún más oscuro. Nuestro orgullo como hombres explica por qué temenos a la amenaza de la vergüenza y por qué siempre tratamos de ocultar nuestras debilidades, nuestros fracasos, nuestros temores, nuestras adicciones y nuestras luchas contra la depresión. En esencia, el orgullo es lo que nos lleva a ocultar quiénes somos en realidad.

El filósofo Blaise Pascal, en su famosa obra El *Pensées* ("Pensamientos"), explica el poder corrosivo del orgullo y cómo lleva a los hombres a ocultarse de los demás:

"Es la naturaleza de la autoestima y del ser humano amarse solamente a sí mismo y considerarse solamente a sí mismo. ¿Pero qué puede hacer un hombre? Quiere ser grande y descubre que es pequeño; quiere ser feliz y descubre que es infeliz; quiere ser perfecto y descubre que está plagado de imperfecciones; quiere ser objeto del afecto y de la estima de los hombres y ve que sus fallas solo merecen su desagrado y desprecio. La embarazosa posición en la que se encuentra produce en él la pasión más injusta y criminal que pueda imaginarse; concibe un odio mortal a la verdad la cual pone sus pies sobre la tierra y lo convence de sus faltas. Le gustaría poder aniquilarla y, al no ser capaz de destruirla en sí mismo, la destruye en la mente de los demás. Es decir, concentra todos sus esfuerzos en ocultar sus faltas tanto a los demás como a él mismo, y no puede soportar que le hagan verlas o que otras personas las vean en él".

¿Alguna vez has pensado en lo diferente que sería tu vida si no temieras ni te preocuparas por lo que los demás pensaran de ti, si nunca tuvieras que impresionar a nadie? Si lo que dice Pascal es cierto, me hace preguntarme si sabemos realmente quiénes somos.

Si no podemos ser transparentes con nosotros mismos y tampoco podemos ser transparentes con los demás, entonces, ¿quiénes somos? Tim Keller amplía el pensamiento de Blaise Pascal, diciendo:

"Todos nosotros, sin la ayuda de Dios, vivimos vidas de ilusión. Pasamos casi toda nuestra vida tratando de demostrar a otras personas y a nosotros mismos que somos algo diferente de lo que realmente somos".

Hace varios años, apareció un artículo en la Revista de Negocios de Harvard, *Harvard Business Review*, sobre por qué fracasan los líderes de varias organizaciones empresariales. Los datos principales provenían de un estudio que reveló los cuatro factores principales

La Mayor Paradoja de la Vida

que provocaron los fracasos de esos altos dirigentes:

- Eran autoritarios –controladores, exigentes, no escuchan a otros –.
- Eran autónomos –sin rendir cuentas a nadie, distantes y aislados –.
- Cometieron adulterio.
- Se volvieron cada vez más arrogantes.

Creo que la razón subyacente por la que estos líderes fracasaron podría resumirse en estas palabras del estudio: sentirse y actuar como si fueran superiores a todos los demás. Si piensas que eres superior a todos los demás en tu organización, te encontrarás creyendo que puedes tratar a las personas como quieras, acostarte con quien quieras, y gastar el dinero de la organización a voluntad. Básicamente, crees que puedes hacer lo que quieras. Cuando el senador John Edwards confesó haber tenido relaciones sexuales con una mujer en su campaña, su explicación fue, en esencia, que había llegado a un punto en el que él no creía que las reglas aplicaran para él.

Martín Lutero, un verdadero hombre de Dios, en cierto momento de su vida, reconoció que sus dádivas a los pobres fueron por las razones equivocadas:

"Me di cuenta de que no ayudo a los pobres para ayudar a los pobres; lo hago para poder sentirme noble. Para que pueda ser reconocido. Lo hago por mí, por orgullo y egocentrismo".

¿Alguna vez has pensado por qué haces las cosas buenas que haces? ¿Será porque, como dijo una vez el destacado periodista británico Malcom Muggeridge: "Los hombres están atrapados en el profundo y oscuro calabozo de sus egos?".

La humildad te ayuda a reconocer que todo lo que eres y todo lo que tienes es un regalo de Dios y el resultado de otras personas que contribuyen a tu vida.

UN CORAZÓN AGRADECIDO

La humildad, por otro lado, nos permite comprender verdaderamente nuestro lugar en el universo, comprender el lugar que Dios tiene para nosotros y vernos a nosotros mismos como Dios nos ve. Tienes un valor infinito e inherente, pero no eres de mayor valor que cualquier otra persona.

En el Antiguo Testamento, Moisés dijo que la arrogancia es mirar tu vida, tus habilidades, tus logros, y pensar en tu corazón que es tu fuerza, tu poder y tu habilidad lo que te ha llevado a todo tu éxito. La humildad te ayuda a reconocer que todo lo que eres y todo lo que tienes es un regalo de Dios y el resultado de otras personas que contribuyen a tu vida. Lea el siguiente ejemplo del libro *The Case for Character* ("El caso del carácter"), de Drayton Nabers Jr.

Tomemos el ejemplo de un corredor que gana el trofeo Heisman. El nombre de este ganador del Heisman aparece en los periódicos y su rostro en la cadena de televisión ESPN. Pero ¿de dónde obtuvo el ADN para crear ese cuerpo fuerte? ¿Y de dónde obtuvo esa gran coordinación que le ayudó a ganar el premio? ¿Cuántas de las cien trillones de células de su cuerpo creó él?

Se nos dice que para cada una de estas células, hay un banco de instrucciones más detallado que los treinta y dos volúmenes de la Enciclopedia Británica juntos. ¿Este corredor entiende

La Mayor Paradoja de la Vida

siquiera una de estas instrucciones? (De hecho, ¿incluso el médico o biólogo más inteligente del mundo comprende completamente la maravilla de una sola célula humana?).

"Pero trabajé muy duro", podría decir el corredor. "Fui al gimnasio. Entrené más duro que cualquiera en el equipo".

Podemos responderle: pero ¿quién te enseñó a trabajar tan duro? ¿Quién construyó el gimnasio? ¿Quién compró el equipo? ¿Quién construyó la universidad, incluyendo el estadio donde jugabas? ¿Quién cortó el césped allí y marcó las líneas y los linderos de las pistas? ¿Tú contrataste o les pagaste a los entrenadores? ¿Tú reclutaste a tus compañeros de equipo? ¿Abriste esos agujeros en la línea por la que corres?

Si este corredor tiene humildad, no expresará más que una gratitud desbordante cuando gane el premio Heisman – a sus padres, a sus maestros, a sus entrenadores, a todos los jugadores de su equipo, a todos los que lo ayudaron en el camino. Sobre todo, una y otra vez, expresará gratitud a Dios–.

Al describir la humildad, Nabers declara:

"...la humildad es una forma de sabiduría, es pensar claramente. Es simplemente ser realista. Es saber quién realmente merece el reconocimiento y la gloria por lo que hacemos".

Hay una maravillosa historia de la vida real en el sentido de estas mismas líneas, en *The Richest Man Who Ever Lived* (*"El Hombre más rico que jamás haya existido"*), de la inspiración de Stephen K. Scott.

Mientras que mi anterior pastor de la iglesia, el Dr. Jim Borror, visitaba una iglesia en el noroeste, una mujer le pidió que se reuniera con su esposo, un empresario multimillonario

La Verdadera Medida de un Hombre

con miles de empleados. Aunque este hombre tenía decenas de millones de dólares y todo lo que el dinero podía comprar, era infeliz, amargado y cascarrabias. A nadie le gustaba estar cerca de él, y la contienda y los conflictos lo seguían a todas partes. Les desagradaba a sus empleados e incluso a sus hijos. Su esposa apenas lo soportaba.

Cuando el Dr. Borror conoció al hombre, lo escuchó hablar acerca de sus logros y rápidamente se dio cuenta de que el orgullo dominaba el corazón y la mente de este hombre. Afirmó que él solo había construido su empresa desde cero. Incluso sus padres no le habían dado ni un solo centavo. Se había abierto camino solo en la universidad.

Jim dijo: "Así que todo lo has hecho solo".

"Si", respondió el hombre.

Jim repitió: "Nunca nadie te dio nada".

"¡Nada!".

Así que Jim preguntó: "¿Quién te cambió los pañales? ¿Quién te alimentó cuando eras un bebé? ¿Quién te enseñó a leer y a escribir? ¿Quiénes te dieron empleos que te permitieron abrirte camino durante la universidad? ¿Quién te dio tu primer trabajo al salir de la universidad? ¿Quién sirve la comida en la cafetería de tu empresa? ¿Quién limpia los inodoros en los baños de tu empresa? El hombre agachó la cabeza avergonzado. Momentos después, con lágrimas en los ojos, dijo: "Ahora que lo pienso, no he logrado nada por mí mismo. Sin la bondad y los esfuerzos de los demás, probablemente no tendría nada".

Jim asintió y preguntó: ¿No crees que se merecen un poco de agradecimiento?

El corazón de este hombre se transformó, aparentemente de la noche a la mañana. En los meses siguientes, escribió cartas de agradecimiento para cada una de las personas en las que pudo

La Mayor Paradoja de la Vida

pensar que habían hecho alguna contribución a su vida. Escribió notas de agradecimiento para cada uno de sus 3,000 empleados. No solo experimentó un profundo sentimiento de gratitud, sino que comenzó a tratar a todos los que lo rodeaban con respeto y aprecio. Cuando el Dr. Borror lo visitó uno o dos años después, apenas pudo reconocerlo. La felicidad y la paz habían reemplazado la ira y la contienda en su corazón. Parecía años más joven. Sus empleados lo amaban por tratarlos con el honor y respeto que engendra la verdadera humildad.

Todos deberíamos de caer en cuenta después de leer esto, que las personas humildes son personas agradecidas. Dan gracias a los que realmente merecen el crédito. El agradecimiento en un sentido es una forma de humillarnos. Es una manera de reconocer que todo lo que somos y todo lo que tenemos es un regalo de Dios. Es por esto que el Dr. Hans Selye, quien fue un verdadero pionero en descubrir el impacto de las emociones en la salud, al final de su vida, después de años de investigación, concluyó que un corazón agradecido es la actitud que más nutre la buena salud y el bienestar de una persona.

¿CÓMO ES LA HUMILDAD?

He descubierto que la mayoría de las personas no saben realmente cómo es la humildad. Históricamente, la humildad ha sido ligada a la palabra mansedumbre. En las bienaventuranzas escuchamos las palabras: "Bienaventurados los mansos, porque ellos heredarán la tierra". Sin embargo, la mansedumbre se confunde con la debilidad, entonces, ¿quién en este mundo podría querer ser manso? Nunca he escuchado a un padre decir: "Quiero que mi hijo crezca y sea manso".

La palabra mansedumbre sorprendentemente proviene de la palabra *praus*, un animal poderoso que sabe refrenar su poder.

La idea aquí es que las personas mansas y humildes son personas poderosas, aunque no hagan gala de su fuerza y poder.

La Biblia enseña tanto en el Antiguo, como en el Nuevo Testamento, que Dios desea darle Su fuerza y poder a Su pueblo. Es el don de Dios de la fortaleza, una fuerza interior que nos permitirá ser los hombres que estamos destinados a ser, los hombres que queremos ser. Se usan varias palabras para describir esto: Su fuerza, Su poder, Su fortaleza. Hay una palabra única que se usa muy a menudo en las Escrituras para describir el poder que Dios nos imparte: la palabra "gracia".

La gracia es la vida de Dios en nosotros, donde Dios nos permite hacer lo que no podemos hacer por nosotros mismos. Es una habilitación divina. Vemos su importancia en la salvación y en nuestro diario vivir. Dios lo deja muy claro: Él da su gracia solo a las personas humildes. (Santiago 4:6, 1 Pedro 5:5).

Hace varios años, Jim Collins, quien era miembro de la facultad de Stanford University Graduate School of Business, escribió un libro que fue un gran éxito en ventas titulado *Built to Last* ("Construido para durar"). Este libro se basó en un estudio de gestión de empresas que él y sus asociados desarrollaron en los años noventa con la intención de analizar y demostrar cómo las grandiosas empresas se sostienen a sí mismas a lo largo del tiempo.

Al estudiar los datos, Collins pensó en la idea de tratar de determinar, si ciertas características universales distinguían a las empresas grandiosas. Usando puntos de referencia estrictos, Collins y su equipo de investigación, identificaron once empresas de élite que estaban haciendo un buen trabajo y que, por alguna razón, produjeron resultados fenomenales durante quince años consecutivos (algunas de las empresas incluidas fueron Abbot Labs, Kimberly Clark, y Nucor Steel). Luego, él y su equipo buscaron determinar cómo estas empresas dieron el salto de ser buenas

La Mayor Paradoja de la Vida

empresas a ser compañías grandiosas. Tomó los resultados de toda esta investigación intensiva y escribió lo que se convertiría en uno de los libros de negocios más vendidos jamás publicados: *Good to Great* ("De Buena a Grandiosa").

Lo que encuentro más interesante es que Collins dijo que le dio a su equipo de investigación instrucciones explícitas para reducir al mínimo el papel de los altos ejecutivos. No creía que la comunidad de negocios necesitara otro libro sobre liderazgo. Aunque había insistido en que ignoraran el papel de los ejecutivos de la empresa, el equipo de investigación siguió presionando. Pronto llegaron a reconocer algo muy inusual acerca de los ejecutivos de estas empresas "De Buenas a Grandiosas".

Iban de un lado a otro, hasta que Collins dijo: "Los datos ganaron". Reconocieron que todos los ejecutivos de las compañías que evolucionaron de "Buenas a Grandiosas", estaban cortados con la misma tijera. Todos eran lo que él llamó: "Líderes de nivel 5".

Collins escribió: "Los Líderes de Nivel 5 son un estudio de la dualidad: modestia y perseverancia, humildad y audacia. Estos líderes de "De Buena a Grandiosa" nunca desearon ser celebridades o ser puestos en un pedestal". Collins declaró que eran: "Personas aparentemente ordinarias que silenciosamente producían resultados extraordinarios". Lo que Collins y su equipo de investigadores observaron claramente es que un Líder de Nivel 5 construye una grandeza duradera a través de una paradójica combinación de humildad personal y voluntad profesional. En esencia, un Líder de Nivel 5, vive en "La Mayor Paradoja de la Vida".

Tim Keller hace una observación similar cuando dijo: "Los humildes, son amables y gentiles, pero también valientes y audaces. Si vas a ser humilde, no puedes tener lo uno sin lo otro".

Aquí es donde "La Mayor Paradoja de la Vida" va más allá del concepto hacia la realidad, particularmente cuando uno comienza a vivir una vida humilde y empieza a experimentar el extraordinario poder de la gracia de Dios desatarse en su vida. La fuerza, en efecto, se encuentra en la humildad, y esa fuerza, como bien entendió Pablo, es un don de Dios.

EL LEÓN Y EL CORDERO

Encontramos varios ejemplos bíblicos de este nivel de liderazgo en hombres como Juan el Bautista, el apóstol Pablo, y Moisés. En uno de mis ejemplos favoritos de verdadera humildad en un hombre, en Números 12:3, aprendemos que Moisés fue el hombre más humilde sobre la faz de la tierra. Sin embargo, vemos a Moisés ir delante del hombre más poderoso de la tierra en esa época – el Faraón, rey de Egipto – quien, si lo hubiera deseado, fácilmente lo podría haber matado. Moisés se paró frente a Faraón y le dijo con gran valor: "Quiero que dejes ir a mi pueblo, quiero que renuncies a toda tu mano de obra esclava, la clave de toda tu superioridad económica y militar. Quiero que lo hagas sin ningún pago. No quiero que pierdas tiempo; quiero que lo hagas rápido". (Paráfrasis del autor de la historia que se encuentra en Éxodo 5-12).

Esta polaridad de características que encuentras en los verdaderamente humildes – amables pero valientes, gentiles pero audaces – se ve más claramente en la vida de Jesús. En Apocalipsis 5:5-6, se hace referencia a Jesús como un león y como un cordero. En Mateo 11, se refiere a sí mismo como manso y humilde. Él es, después de todo, el Dios del universo que limitó Su poder para transformarse en uno de nosotros.

Primero, lee las palabras de Napoleón, al final de su vida:

"Muero antes de tiempo y mi cuerpo será devuelto a la tierra y devorado por gusanos. Que terrible abismo entre mis

La Mayor Paradoja de la Vida

profundas miserias y el eterno reino de Cristo. Me maravillo, de que, mientras que mis ambiciosos sueños y los de Alejandro y de César se hayan desvanecido en el aire, un campesino de Judea – Jesús – pueda extender Sus manos a través de los siglos y controlar los destinos de los hombres y las naciones".

Aquí hay tres hombres famosos – Alejandro Magno, César y Napoleón – buscando controlar al mundo por medio del poder. Cuando vemos sus vidas contrastadas con la de un hombre, Jesús, la vida humilde de un carpintero, nos maravillamos de cuán verdaderamente extraordinario debe haber sido para que el mundo pudiera ser cambiado tan poderosamente a través de su sencilla vida de humildad.

Ahora lee estas palabras de James Stewart, filósofo y ministro escocés:

> Cuando yo hablo del misterio de la personalidad de Cristo, estoy pensando en la asombrosa fusión de contrastes que encontramos en Jesús. Era el más manso y el más humilde de todos los hijos de los hombres, sin embargo, dijo que vendría sobre las nubes del cielo en la Gloria de Dios. Era tan severo que los espíritus malignos y los demonios gritaban aterrorizados a su llegada, pero era también genial, encantador y accesible que a los niños les encantaba jugar con Él, y los más pequeños se acurrucaban en Sus brazos. Nunca nadie fue la mitad de amable o compasivo con los pecadores, sin embargo, nadie jamás dijo palabras tan duras y condenatorias hacia el pecado. No romperá la caña quebrada y toda Su vida fue amor, aun así, en una ocasión les preguntó a los fariseos cómo esperaban escapar de la condenación del infierno. Era un soñador de sueños y un vidente de visiones, no obstante, para el realismo manifiesto, ha vencido

La Verdadera Medida de un Hombre

a todos nuestros "autodenominados realistas". Fue un siervo de todos, lavando los pies de sus discípulos, pero entraba al templo magistralmente y los vendedores ambulantes y mercaderes se tropezaban unos con otros en su loca carrera por alejarse del fuego que veían arder en sus ojos. No hay nada en la Historia que se compare con la vida de Cristo.

El entendimiento bíblico es que los humildes son los más fuertes. No toman decisiones dejándose llevar por la corriente para ver qué piensan otras personas. Disfrutan de la fortaleza, una fuerza interior que viene exclusivamente a través de la gracia de Dios. Ellos saben quienes son. Sus vidas no se consumen tratando de complacer e impresionar a otros.

Los humildes son los más fuertes. No toman decisiones dejándose llevar por la corriente… Ellos saben quienes son. Sus vidas no se consumen tratando de complacer e impresionar a otros.

Por el contrario, los orgullosos se sienten superiores a los demás y tienen esta necesidad de impresionarlos. Aunque se sienten grandes y poderosos, en realidad están paralizados por un sentimiento de inferioridad e inseguridad. Están extremadamente necesitados. Necesitan alimentar sus egos; necesitan halagos, necesitan ser acariciados, necesitan ser reconocidos. Aunque no se dan cuenta, los orgullosos son claramente bastante débiles.

La Mayor Paradoja de la Vida

UNA OPINIÓN QUE CUENTA

Creo que todos reconocemos que nuestra identidad como hombres y lo que hacemos con nuestras vidas están muy influenciados por las opiniones de los demás. Sin darnos cuenta, orientamos nuestra vida para cumplir con las expectativas de otras personas. A veces me cuesta creer que yo dejo que las opiniones de los demás determinen cómo me veo a mí mismo y cómo voy a vivir mi vida. No obstante, esta parece ser la tendencia natural de todos los seres humanos. Incluso el antiguo profeta Isaías planteó esta pregunta tan profunda:

"¿Por qué tienes tan alta consideración por el hombre – que depende del aire que respira, por qué lo tenemos en tan alta estima?" (Isaías 2:22, paráfrasis del autor).

Isaías quería saber por qué valoramos al hombre y sus opiniones. ¿Por qué permitimos que sus opiniones sobre nosotros sean una fuerza tan poderosa en nuestras vidas?

George Will comparte una historia divertida en su popular libro sobre el béisbol *Men at work* ("Hombres Trabajando"):

Los árbitros de béisbol están tallados en granito... Son distribuidores profesionales de justicia pura. Una vez, cuando Babe Pinelli discutió con Babe Ruth acerca de sus strikes, Ruth argumentó falazmente (como hacen los populistas), moviéndose de los números en bruto al peso moral: "Hay 40,000 personas aquí que saben que el último lanzamiento fue una bola, cabeza de tomate".

Pinelli contestó con la mesura de las respuestas de John Marshall[1]: "Tal vez sea así, pero mi opinión es la única que cuenta".

---

[1] Ex Secretario de Estado de los EEUUA; arquitecto constitucional del Tribunal Supremo estadounidense

Al final del día, ¿qué opinión sobre mi vida cuenta más? Cuando llegues al final de tu vida, ¿la opinión de quién te importará más? Isaías encuentra bastante increíble que la opinión de la humanidad sea mucho más importante para nosotros que la del Dios santo e infinito. La humildad llega poderosamente a nuestras vidas cuando Dios se convierte en la audiencia para la que actuamos. Cuando esto sucede, la opinión humana se vuelve cada vez menos importante para nosotros.

EL RECAUDADOR DE IMPUESTOS ARREPENTIDO

Los hombres no solo son orgullosos cuando se trata de riqueza, logros, apariencia física, y conocimiento, sino que también parece que naturalmente sufrimos de orgullo espiritual. El influyente filósofo Soren Kierkegaard dijo que el orgullo espiritual nos lleva a creer que podemos manejar nuestras vidas, lograr prosperidad, y encontrar un propósito suficientemente grande como para darle sentido a la vida – y que podemos hacerlo sin Dios –. Realmente no lo necesitamos.

El orgullo espiritual nos engaña haciéndonos creer que somos buenas personas que estamos en buenos términos con Dios. Llegamos a creer que únicamente las personas buenas entran en el reino de Dios; las personas malas, afortunadamente quedan fuera. Pero esto claramente no es la enseñanza cristiana. En realidad, son los humildes a quienes se deja entrar, y son los orgullosos y los de auto rectitud moral los que quedan fuera.

La humildad es el lente por el cual podemos ver a Dios; a medida que llegamos a conocerlo, nos permite vernos a nosotros mismos

La Mayor Paradoja de la Vida

como realmente somos. Esto es lo que Jesús explicaba en la parábola del fariseo y el recaudador de impuestos:

"Dos hombres fueron a orar al templo, uno fariseo y el otro recaudador de impuestos".

"El fariseo se levantó y oraba para sí mismo: 'Dios, te doy gracias porque no soy como las otras personas: estafadores, injustos, adúlteros, o incluso como este recaudador de impuestos. Ayuno dos veces por semana, doy diezmo de todo lo que recibo'.

"Pero el recaudador de impuestos, estando a cierta distancia, ni siquiera quería alzar los ojos al cielo, sino que se golpeaba el pecho, diciendo: '¡Dios, ten misericordia de mí, pecador!'.

"Yo te digo, este hombre volvió a su casa justificado, no como el otro; porque todo el que se exalte a sí mismo, será humillado, pero el que se humille a sí mismo será exaltado" (Lucas 18:9-14, paráfrasis del autor).

Una de las primeras cosas que se destaca en esta parábola es como el orgulloso fariseo se compara con el recaudador de impuestos cuando él dice: "Doy gracias porque no soy como otras personas... Ni siquiera como este recaudador de impuestos". Este fariseo claramente muestra una actitud de superioridad moral y espiritual. El recaudador de impuestos, por otro lado, solo ve su pecado y su necesidad de perdón. Se siente verdaderamente humillado en virtud de reconocer su necesidad de perdón por su pecado.

George Carey, anterior arzobispo de Canterbury en Inglaterra, hizo una observación acerca de esta parábola, que ofrece una gran reflexión. Este fariseo, muy religioso y moral, quien creía en Dios, se sentía muy bien consigo mismo. Estaba cómodo con su posición ante Dios. Sin embargo, su orgullo lo cegó, y no se daba cuenta que algo estaba terriblemente mal en su vida y que no estaba justificado ante Dios. No fue perdonado de sus pecados, en cambio, el humilde recaudador de impuestos – todo el tiempo inclinándose con reverencia en su humildad y arrepentimiento – fue justificado ante Dios y perdonado por sus pecados. En ese momento ves la imagen de un hombre espiritualmente sano y vibrante – un hombre que estaba en una relación correcta con Dios –.

CONOCE A DIOS, CONÓCETE A TI MISMO Y CONOCE LA DIFERENCIA

Entonces, ¿qué hacemos con este orgullo mortal que nos aflige a todos? C. S. Lewis escribió que, si nosotros queremos adquirir humildad, necesitamos empezar por reconocer el hecho de que batallamos con el orgullo. Debemos admitir que este es un asunto serio en nuestras vidas. Lewis escribió: "No hay nada que podamos hacer ante ello. Si piensas que tú no eres engreído, significa que eres muy engreído en verdad".

Creo que debemos seguir el ejemplo del recaudador de impuestos, quien reconoció su pecaminosidad y lo confesó ante Dios. El corazón del cristianismo es el perdón de los pecados. La vida cristiana comienza reconociendo que somos pecadores y que necesitamos el perdón de Dios. Cuando este recaudador de impuestos fue ante Dios y humildemente confesó su pecado, observe la respuesta de Jesús: "Este hombre se fue a su casa justificado".

Finalmente, tendremos que decidir quién será el Dios de nuestras vidas. Quién será el público al que buscamos complacer e impresionar, el público que finalmente determinará nuestra identidad.

Bob Buford, hombre de negocios muy próspero y fundador de

La Mayor Paradoja de la Vida

Halftime Ministries, comparte la conversación que cambió su vida:

> Un punto de inflexión en mi propia vida fue una conversación que tuve hace veinte años con Michael Kami, uno de los mejores estrategas en planeación, del país... Hice una cita con Mike para explorar mis propios planes [para el futuro]. Quería obtener su consejo profesional sobre algunas de las opciones que estaba examinando. Durante el curso de la conversación, Mike me pidió que describiera mis intereses y motivaciones básicas, así que comencé a contarle todas las cosas que me interesaban. Pero repentinamente Mike me interrumpió en medio de una oración y me hizo una pregunta que cambió mi vida: ¿Qué hay en la caja?
>
> La pregunta me tomó por sorpresa. No la entendí al principio. ¿En la caja? ¿Qué significa eso? Entonces pregunté: "¿A qué te refieres con eso Mike?".
>
> "¿Qué es fundamental en tu vida en este momento?" dijo Mike. Si únicamente hubiera espacio para una cosa en tu vida, para una cosa, ¿cuál sería? Tomó un lápiz y dibujó un pequeño cuadro en una hoja de papel y dijo: "Por lo que me estás diciendo, Bob, hay dos cosas que encabezan tu lista de prioridades, tu fe religiosa y tu carrera profesional. Mike los representó con un signo de dólar y una cruz. Y señaló la caja y dijo: "Antes de que pueda ayudarte a decidir cómo enfocar tus intereses, tienes que decidir: ¿qué hay en la caja?".
>
> ¿Sería el signo de dólar o la cruz? De pronto supe que tenía que hacer una elección.
>
> De vez en cuando, en medio de las complejidades de la vida, llegamos a un punto donde las opciones son limitadas y claras. Este fue uno de esos momentos. ¿Qué sería para mí? – ¿más dinero, más éxito, o más energía enfocada al llamado que

tan fuertemente sentía? – Consideré esas dos opciones por un minuto más o menos – lo que pareció una eternidad – y después dije: "Bueno, si lo pones de esa manera, es la cruz". Y luego me acerqué para dibujar una cruz en la caja de Mike.

Esa decisión ayudó a enmarcar todo lo que he hecho desde ese día. No era que la pequeña cruz indicara que el trabajo que me sentía llamado a hacer, servir a Dios, era mi única lealtad en [la vida]. También estaban la familia, los clientes, los empleados, la recreación y demás, pero esa pequeña cruz ha designado la lealtad principal para mi vida desde entonces y hasta ahora.

Este es, creo, uno de los temas más cruciales en toda la vida. ¿Qué hay en tú caja? ¿Cuál es la lealtad principal en tu vida? Para cada uno de nosotros, hay algo en la caja, pero ¿estamos dispuestos a confesar que podría ser algo más que Dios?

La humildad es una consecuencia muy natural cuando Jesús es la lealtad principal en nuestras vidas. Porque cuando Jesús está en la caja, Él se convierte en el público número uno para el cual actuamos. La opinión del ser humano se vuelve menos importante a medida que buscamos agradarle a Él por encima de todos los demás. Pero, irónicamente, nuestro orgullo a menudo nos impide dar a Cristo la lealtad principal en nuestras vidas. Al final, muchos de nosotros nos resistimos a Dios, eligiendo deliberadamente seguir nuestra voluntad y nuestros propios planes.

Hacia el final de su vida, C. S. Lewis llegó a una conclusión sencilla sobre la naturaleza del hombre. Al final, concluyó, que en realidad solo hay dos tipos de personas. Hay quienes se entregan a Cristo y dicen: "Quiero que se haga *Tu* voluntad en mi vida". Luego están los que eligen seguir su propio camino y dicen: "Quiero que se haga *mi* voluntad en esta vida. Quiero vivir para mí".

La Mayor Paradoja de la Vida

Creo que esta era la razón por la cual la doctrina del infierno era tan lógica y justa para Lewis. Reconoció que, en última instancia, el infierno es el mayor de todos los monumentos a la libertad humana. Dios les da a todas las personas lo que más quieren, y eso es ser libres, – incluso si ellos eligen ser libres de Dios mismo –.

7

UNA VIDA DE CONTENTAMIENTO

❖

Si no eres feliz con tu vida, puedes cambiarla de dos maneras: o mejorar las condiciones en las que vives, o mejorar tu condición espiritual interior. La primera no siempre es posible, pero la segunda sí.

—*Leo Tolstoy*

❖

Sin excepción, los hombres tienen la capacidad de contemplar el futuro en su imaginación antes de que este llegue. Siempre nos preguntamos: ¿*Y si...*? Imaginar el futuro puede ayudarnos a planificar, puede darnos objetivos a los cuales apuntar y puede ofrecernos una esperanza realista para un mejor mañana. ¿No es igualmente cierto que también corremos el riesgo de pasar demasiado tiempo imaginando un futuro mejor, en lugar de vivir bien el presente? A medida que representamos el futuro en nuestra imaginación, a menudo, sin darnos cuenta, desincronizamos nuestras vidas con la realidad presente.

Como hemos visto, la consecuencia más obvia de imaginar

Una Vida de Contentamiento

¿No es igualmente cierto que también corremos el riesgo de pasar demasiado tiempo imaginando un futuro mejor, en lugar de vivir bien el presente?

---

el futuro es que fácilmente conduce al temor. El temor, la preocupación, y la ansiedad, son el resultado de la incertidumbre. Ante el cambio y la transición, podemos empezar a preocuparnos por el desarrollo de los acontecimientos que aún no suceden, y esto nos lleva a un temor que puede paralizarnos a medida que comienza a desbocarse en nuestra imaginación. Pero lo más importante es que tal temor puede impedirnos vivir una vida realmente buena y feliz en el presente.

¿PLANEANDO SER FELIZ?

Otro aspecto de imaginar el futuro, que demuestra ser problemático para los hombres aunque generalmente no somos conscientes de ello; es que tenemos una sorprendente tendencia a organizar nuestras vidas en torno a expectativas futuras de felicidad.

Piénsalo por un momento. Esta tendencia de contemplar siempre una vida futura de felicidad, ¿no revela realmente algo acerca de nuestras vidas en el presente — que estamos insatisfechos y faltos de contentamiento —?

Cuando no tenemos contentamiento, mirar hacia el futuro y esperar que sea más satisfactorio que nuestra vida actual es simplemente natural. Estamos convencidos de que algún día seremos felices, pero nuestra felicidad siempre parece estar más allá de nuestro alcance.

Blas Pascal vio claramente esta tendencia en la vida de las personas:

"Nunca nos mantenemos en el presente... anticipamos el futuro como si nos pareciera demasiado lento en llegar... Casi nunca pensamos en el presente, y si pensamos en ello, es solo para ver qué luz arroja sobre nuestros planes para el futuro. El presente nunca es nuestro final".

Luego señaló la forma en que la mayoría de las personas viven sus vidas:

"Por lo tanto, nunca vivimos realmente, pero tenemos la esperanza de hacerlo, y ya que siempre estamos planeando cómo ser felices, es inevitable que nunca lo seamos".

Uno de los libros más populares de C. S. Lewis, *The Screwtape Letters* ("Las cartas del diablo a su sobrino"), es una novela en forma de una serie de cartas escritas por el tío Screwtape a su sobrino Wormwood. Ambos, Screwtape y Wormwood son demonios. En estas cartas ficticias, Screwtape le da consejos a su sobrino sobre cómo enfrentarse a su enemigo, que por supuesto es Dios. El objetivo del tío Screwtape y Wormwood, es conspirar y destruir la vida espiritual de las personas. Quieren mantener a los humanos completamente fuera del campo enemigo.

En una de las cartas, el tío Screwtape le informa a Wormwood que el enemigo (Dios) quiere que las personas aprendan a vivir y disfrutar el presente. Le dice a su sobrino que su objetivo es evitar esto. "Es mucho mejor hacerlos que vivan en el futuro", le dice Screwtape a Wormwood. Mientras los humanos vivan en imaginaciones futuras, sus vidas no estarán en armonía con la realidad.

El tío Screwtape luego explica que Dios no quiere que las personas

Una Vida de Contentamiento

entreguen su corazón al futuro y coloquen su tesoro y felicidad en él, pero dice: "Nosotros sí". Concluye diciendo: "Queremos toda una raza persiguiendo perpetuamente el final del arco iris, nunca honesta, ni amable, ni feliz *en el presente*...".

Pascal y Lewis reconocen que una de las razones por las que nos es difícil encontrar significado y alegría en nuestras vidas es porque no importa en qué parte de nuestra vida nos encontremos, no importa qué tan bien vayan las cosas para nosotros en este momento, al parecer, siempre somos capaces de contemplar una vida mejor en el futuro, mejor que la que estamos experimentando ahora.

Si tuvieras el poder para cambiar ciertas circunstancias en este momento, ¿no sería fácil imaginar una vida mucho más satisfactoria? Mientras piensas en tu mundo actual, ¿hay alguna forma en que puedas imaginar mejorarlo y hacerlo más gratificante? ¿No podrías ser más feliz? ¿No hay algo que pueda mejorarlo? Como me compartió recientemente un hombre de negocios muy desanimado: "Estoy buscando desesperadamente una vida de contentamiento".

Cuando somos honestos con nosotros mismos, es fácil ver cómo caemos en el hábito de siempre organizar y reorganizar el futuro en nuestras mentes, siempre anticipando una vida mejor en un futuro no muy lejano. Contentamiento es lo que buscamos; y para la mayoría de los hombres, el contentamiento siempre estará justo a la vuelta de la esquina. Desafortunadamente, antes de que nos demos cuenta, la vida se ha terminado.

LA GRAN TRAMPA DE LA COMPARACIÓN

Lo que he aprendido de tantos hombres es, que el verdadero problema para nosotros es la dificultad de estar contentos en el presente. Muy pocos de nosotros estamos satisfechos con quienes somos, dónde estamos o lo que tenemos en esta vida.

La Verdadera Medida de un Hombre

Por supuesto, una de las principales razones por las que estamos tan insatisfechos con nuestras vidas es porque siempre nos comparamos con otros. Medimos qué tan bien nos está yendo en comparación con los demás. Cometemos errores y nos sentimos inferiores; experimentamos el éxito y nos sentimos superiores. Como hemos visto, nuestras emociones y nuestra confianza se mueven con la economía y fluyen con la opinión de los demás. Esto es particularmente cierto para los hombres cuando llegan las dificultades económicas. Todos queremos saber cómo les va a los demás. Cuando nos enteramos de otros hombres a los que les está yendo mucho peor que a nosotros, nos sentimos un poco mejor acerca de nosotros mismos. Cuando vemos a otros que parecen no estar afectados en absoluto por la recesión, experimentamos un momento de profunda desesperación. Somos arrastrados en distintas direcciones; por un lado los pensamientos hostiles y por el otro la envidia. Y estos pensamientos nos pueden consumir.

R.C. Sproul dice que un indicador que revela si una persona está verdaderamente satisfecha con su vida, es cuando dicha persona se regocija al ver a sus amigos y compañeros prosperar; se regocija al ver que les está yendo bien. Está feliz por ellos. Por otro lado, cuando los ve luchar y pasar por momentos difíciles, siente su dolor y tiene una gran compasión por ellos. Se duele con ellos.

El destacado novelista y ensayista literario sureño Walker Percy es conocido por su peculiar talento para explorar las cuestiones más profundas de la vida moderna relacionadas con nuestros hábitos, nuestro autoengaño, nuestros temores y nuestra desconcertante complejidad. En uno de sus libros, una parodia de la vida moderna titulada *Lost in the Cosmos: The Last Self-Help Book* ("*Perdido en el Cosmos: el último libro de autoayuda*"), Percy, ofrece una visión humorística sobre la obsesión de la cultura Occidental moderna con la psicología pop, la cual ofrece respuestas simples y

Una Vida de Contentamiento

no probadas a las preguntas más difíciles de la vida. En el libro, Percy ofrece varios exámenes de opción múltiple imitando las pruebas de autoayuda que son tan populares en libros y revistas exitosas. Las preguntas están entrelazadas con desafíos morales, a menudo resaltados en patrones humorísticos, uno de los cuales voy a parafrasear:

"Es temprano por la mañana y estás parado frente a tu casa leyendo los titulares del periódico local. Tu vecino desde hace cinco años, Charlie, sale a buscar su periódico. Lo ves con compasión – no se cuida y sabes que ha estado teniendo fuertes dolores en el pecho y está por enfrentarse a una cirugía de derivación coronaria –. ¡Pero esta mañana él no está actuando como un paciente con afección cardíaca!".

"De nuevo trota en su ropa deportiva, todo sonrisas". ¡Él tiene triples buenas noticias! "Mis dolores en el pecho", alardea, "resultaron ser nada más que una hernia hiatal, nada serio". También acaba de enterarse de este gran ascenso que ha recibido y que él y su familia pronto se mudarán a una nueva casa, que resulta estar en una parte mucho más exclusiva de la ciudad. Entonces, después de una pausa, él tararea: "Ahora puedo permitirme comprar la casa en el lago que siempre soñamos tener".

Una vez que digieres esta noticia, respondes: "Eso es genial, Charlie. Me alegro por ti".

Ahora, por favor contesta la siguiente opción múltiple. Solamente hay una respuesta correcta para cada pregunta.

Pregunta: ¿Estás realmente feliz por Charlie?

    a. Sí, estás emocionado por Charlie; no podrías estar más feliz por él y su familia.

b. A decir verdad, realmente no te sientes tan feliz acerca de las noticias de Charlie. Son buenas noticias para Charlie, sin duda, pero no son buenas noticias para ti.

Después de esto, Percy da las siguientes instrucciones:

Si tu respuesta a la pregunta anterior es la b, por favor específica la naturaleza de tu insatisfacción. Haz el siguiente experimento mental –¿Cuál de los siguientes escenarios alternativos con respecto a Charlie, te haría sentir mejor?–.

   a. Unos días después sales a buscar tu periódico, y te enteras por otro vecino que Charlie ha sido sometido a una derivación coronaría cuádruple y tal vez no se recupere.
   b. Charlie no tiene problemas con el corazón, pero no consiguió su ascenso.
   c. Mientras los dos están parados frente a sus casas, Charlie sufre un ataque al corazón y le salvas la vida golpeando su pecho y dándole respiración de boca a boca para reanimarlo, convirtiendo su triple buena noticia en cuádruple buena noticia. ¿Qué tan feliz te haría eso?
   d. Charlie muere.

Entonces, Percy pregunta:

¿Cuántas buenas noticias sobre Charlie puedes tolerar?

Percy usa este ejercicio para profundizar acerca de los deseos de nuestros corazones. Él quiere mostrarnos cómo a menudo nos comparamos con los demás. Pero más significativamente, Percy quiere mostrarnos cuán descontentos podemos estar con nuestras vidas y que la razón de este descontento es que siempre nos estamos comparando con otras personas.

UNA VIDA DE CONTENTAMIENTO

En el que quizás es el pasaje más claro y directo de la Biblia acerca de la lucha del hombre por el contentamiento, Mateo 6:25-34, Jesús dice:

> "Por esta razón yo les digo: No se preocupen por su vida, en cuanto a lo que van a comer o lo que van a beber; ni por su cuerpo, en cuanto a lo que se pondrán. ¿No vale la vida más que la comida y el cuerpo más que la ropa?".
>
> "Miren las aves del aire: ellas ni siembran, ni cosechan ni guardan la cosecha en graneros; y sin embargo su Padre celestial les da de comer. ¿No valen ustedes mucho más que ellas?".
>
> "Y quién de ustedes por estar preocupado puede agregar una sola hora a su vida?".
>
> "¿Y por qué se preocupan por la ropa? Observen cómo los lirios del campo crecen; no trabajan ni hilan. Sin embargo, les digo que ni siquiera Salomón en toda su gloria se vistió como uno de ellos".
>
> "Pues si Dios viste así la hierba del campo, que hoy está viva y mañana es echada en el horno, ¿no los vestirá con mayor razón a ustedes? ¡Hombres de poca fe!".
>
> "No se preocupen entonces, diciendo: '¿qué vamos a comer?' o '¿qué vamos a beber?' o '¿con qué vamos a vestirnos?'".
>
> "Porque los gentiles buscan ansiosamente todas estas cosas; pero su Padre celestial sabe que ustedes necesitan todas estas cosas".
>
> "Pero busquen primero Su reino y Su justicia, y todas estas cosas se les darán a ustedes".
>
> "Así que, no se preocupen por el mañana; porque el día de mañana

traerá sus propias preocupaciones. Cada día tiene suficiente con sus propios problemas" (paráfrasis del autor).

En el Nuevo Testamento, al leer las cartas de Pablo, observas un tema constante sobre la importancia de estar satisfecho. Esto es lo que Pablo escribió en el libro de Filipenses:

> He aprendido a estar contento sean cuales sean las circunstancias. Sé lo que es estar en necesidad, y sé lo que es tener mucho. He aprendido el secreto de estar contento en todas y cada una de las situaciones, ya sea bien alimentado o hambriento, ya sea viviendo en la abundancia o en necesidad. (Filipenses 4:11-12, paráfrasis del autor).

Ten en cuenta que cuando Pablo escribió esta carta estaba en la prisión, no sabía cuánto tiempo estaría allí, ni sabía lo que le deparaba el futuro. Me parece interesante que Pablo diga en esencia: "He descubierto el secreto de tener contentamiento". Cuando le dices a alguien que has descubierto un secreto, lo que generalmente intentas comunicar es que lo que has descubierto no es evidente; no es obvio y no se encuentra donde la mayoría de la gente lo buscaría.

Pablo deja bastante claro que su contentamiento no está basado en circunstancias externas. Él dice: "[Estoy] contento en todas y cada una de las situaciones ya sea que esté bien alimentado o hambriento, ya sea que viva en la abundancia o en necesidad".

Cuando la economía estaba en auge, el mercado de valores por los cielos, y la tasa de desempleo era baja, supongo que la mayoría de nosotros nos sentíamos bastante contentos con la vida. Pero cuando todo empezó a marchar mal y la economía se derrumbó, me imagino que la paz y los sentimientos buenos que estábamos experimentando nos abandonaron a la mayoría de nosotros.

Entonces, ¿qué había aprendido Pablo que nos puede ayudar aquí

Una Vida de Contentamiento

y ahora? ¿Cuál era su secreto? Al leer el libro de Filipenses, notarás cuatro perspectivas distintas, pero estrechamente relacionadas que claramente contribuyeron a la vida de contentamiento de Pablo.

CONTENTAMIENTO | ¿COMPARADO CON QUÉ?

Primero, me parece que, si la paz y el contentamiento en nuestros corazones dependen de las circunstancias externas y de cómo nos comparamos con los demás, entonces estamos en problemas porque tenemos poco o ningún control sobre muchas de las situaciones que enfrentamos. Como hemos visto, la verdad es que compararnos con los demás no sirve como una medida verdadera en un sentido absoluto, sino solo en un sentido relativo y temporal. La comparación como medida exclusiva de la autoestima y felicidad se convierte en la muerte virtual del contentamiento y la paz.

CONTENTAMIENTO | UN HOMBRE EN UNA MISIÓN

Segundo, creo que Pablo pudo aprovechar todo lo que aprendió como fariseo, antes de convertirse al cristianismo. Como fariseo habiendo desarrollado un gran conocimiento del Antiguo Testamento, habría estado muy familiarizado con Jeremías 29:11, que habla del maravilloso plan que Dios tiene para cada una de nuestras vidas:

> "Porque Yo sé los planes que tengo para ti", dice el Señor, "planes para tu bienestar no para calamidad, para darte un futuro y una esperanza" (paráfrasis del autor).

Pablo confiaba en el plan de Dios para su bienestar; sabía que tenía un futuro y una esperanza. Pablo también sabía que la razón por la que la mayoría de las personas nunca descubren ese plan es porque buscan realizar sus propios planes para sus vidas:

"*¡Ay de los hijos obstinados!, declara el Señor, esos que llevan a cabo planes que no son los míos...*" (Isaías 30:1, paráfrasis del autor).

Por lo tanto, el contentamiento de Pablo se puede atribuir al hecho de que vivió su vida con un sentido de misión y llamado. Comprendió y creyó en la buena y soberana mano de Dios sobre su vida y circunstancias. Pablo entendió que Dios tenía un propósito para él estando en prisión, y por lo tanto, estaba contento de vivir en armonía con el plan de Dios para su vida.

Por ejemplo, en Filipenses 1:12-14, Pablo habla de cómo su encarcelamiento ayudó al avance del cristianismo. Estaba muy gozoso porque muchos cristianos más "habían sido alentados a hablar la Palabra de Dios con más valentía y sin temor". En ninguna parte del libro de Filipenses ves a Pablo quejándose de que haya sido encarcelado. Tampoco lo oyes decir: "Una vez que salga de la prisión, entonces mi vida será mejor". Pablo tenía contentamiento sentado

---

Si no hay significado ni propósito detrás de las circunstancias externas difíciles, entonces la vida siempre será sombría y decepcionante, especialmente cuando pasamos por tiempos de prueba.

---

en prisión y encadenado porque estaba convencido en ese momento preciso, que la buena mano de Dios lo tenía allí por una razón, y su encarcelamiento estaba ayudando al avance del reino de Dios.

Una Vida de Contentamiento

Es crucial recordar que, si no hay significado ni propósito detrás de las circunstancias externas difíciles, entonces la vida siempre será sombría y decepcionante, especialmente cuando pasamos por tiempos de prueba. El ejemplo de compromiso de Pablo confirma que cuando vemos significado y propósito detrás de las luchas de la vida, nuestra perspectiva será transformada.

Al mirar nuestras vidas hoy, ¿es así como nos vemos a nosotros mismos? ¿Podemos ver un propósito en nuestras luchas, sabiendo que Dios, como prometió, las está usando en nuestras vidas? ¿Estamos justo donde Dios nos quiere espiritualmente? ¿Estamos buscando Su plan para nuestras vidas?

CONTENTAMIENTO | EL GRAN TESORO DE LA VIDA.

Tercero, creo que Pablo estaba contento porque se dio cuenta de que había encontrado el gran Tesoro de la vida. Él habla de esto en un versículo de Filipenses que discutimos en el capítulo cinco:

> *"Considero todo sin valor en comparación con el valor insuperable de conocer a Cristo Jesús, mi Señor, por quién lo perdí todo, y lo considero basura, a fin de obtener esta relación con Cristo"* (Filipenses 3:8, paráfrasis del autor).

Si recuerdas, Pablo había sido en un tiempo un fariseo rico y prominente; pero tras convertirse al cristianismo, tuvo que renunciar a todo. Sin embargo, revela que todo lo que tuvo que dejar fue basura en comparación con el valor incomparable de tener una relación con Cristo.

Creo que la mayoría de los hombres en realidad creen que la riqueza material es la fuente del contentamiento. La cultura moderna promueve agresivamente esta actitud predominante. "Cuándo tenga tanta riqueza" o "cuándo gane este nivel de ingresos", entonces estaré contento. Entonces y solo entonces, la vida será buena. He tenido hombres sentados frente a mí quienes han expresado su gran desprecio por Dios porque creen que Él les ha dado desventaja financiera. Cuando miran a sus amigos y ven lo bien que les está yendo, están convencidos de que Dios los ha discriminado financieramente.

Sin embargo, Dios nos ha indicado que la riqueza material no es del todo importante y de hecho, no es necesaria para que una persona tenga contentamiento. En I Timoteo 6:7-8 Pablo dice:

"Porque nada trajimos al mundo, y nada podremos llevarnos de él. Pero si tenemos comida y vestido, con esto estaremos contentos" (paráfrasis del autor).

Pablo está declarando que si tenemos satisfechas nuestras necesidades físicas, podemos encontrar contentamiento. Eso es todo lo que básicamente necesitamos para estar contentos. ¿Olvidamos que la mayoría de nosotros en el próspero mundo occidental tenemos mucho más que nuestras necesidades básicas cubiertas? Por lo tanto, se nos instruye a ser agradecidos y esforzarnos por ser buenos mayordomos de los recursos que se nos han dado.

En una carta para la iglesia de Corinto (2 Corintios 6:10), Pablo deja claro que en cuanto a las posesiones materiales, él no poseía nada; sin embargo, en realidad, se consideraba a sí mismo un hombre rico. Era rico en las posesiones que realmente importan en la vida. El gran tesoro en la vida de Pablo se encontraba en su relación con Cristo. Era la única posesión que su corazón había estado buscando y, por lo tanto, estaba contento.

Una Vida de Contentamiento

CONTENTAMIENTO | MUERTE, NO TE ENORGULLEZCAS

Cuarto, y finalmente, al examinar la vida de Pablo, me asombra lo tranquilo y contento que estaba, aunque siempre se enfrentaba a graves peligros. El espectro de la muerte pendía sobre él a todos los lugares que viajaba porque muchas personas querían verlo muerto. Es verdaderamente notable leer en Filipenses 1:21-23, donde Pablo audazmente declara que la vida eterna en la presencia de Dios es, de hecho, mucho mejor que cualquier cosa que pudiéramos experimentar en esta vida terrenal, la cual está llena de dolor y dificultad. De hecho, Pablo esperaba su muerte con gran anticipación. Superó el temor a la muerte a través de la esperanza tangible de la vida eterna, la cual en mi opinión es la razón principal por la que vivió con tanta paz y contentamiento.

Aunque hacemos todo lo posible para no pensar en ello, el gran obstáculo para una vida de paz y contentamiento es el miedo natural a la muerte. Es claramente nuestro mayor enemigo.

El Dr. Armand Nicholi Jr., profesor clínico de psiquiatría en la Escuela de Medicina de Harvard, ha observado que el proceso de aceptar nuestra mortalidad es extraordinariamente doloroso. Sostiene que: "La increíble brevedad de nuestras vidas, entra en conflicto con nuestro profundo anhelo de permanencia y con nuestro miedo de por vida a ser separados de aquellos que amamos – un temor que nos persigue desde la infancia hasta la vejez –".

Comparto la evaluación de Nicholi acerca de la condición humana. Nuestra mortalidad es tan angustiosa porque nos damos cuenta de que la muerte nos separa de aquellos a quienes amamos. Finalmente, nos damos cuenta de que salimos de esta vida solos y, por lo tanto, una sensación de soledad y miedo se apodera de nosotros con fuerza.

La muerte es una experiencia muy solitaria.

Y una vez más, aquí hay otro temor que los hombres no pueden compartir con los demás porque admitir que tenemos miedo solamente nos hará parecer débiles. Así que llevamos esta carga, aumentando nuestra sensación de soledad y de aislamiento.

¿Alguna vez te has preguntado cuán diferente podría ser tu vida si estuvieras completamente liberado del temor a la muerte? Lleva esto unos pasos más allá y pregúntate: *¿Qué pasaría si no solo fuera liberado del temor, sino que también pudiera mirar hacia el día de mi muerte con gran anticipación? ¿Cómo cambiaría eso la vida que estoy viviendo en este momento?*

Por supuesto, la mayoría de nosotros queremos saber si esto fue una realidad en la vida de Pablo y, de ser así, cómo lo logró. Creo simplemente que Pablo conocía a Dios íntimamente. Lo conocía no solo como Dios sino también como su Padre celestial. Por lo tanto, Pablo vio la muerte como algo más que simplemente irse a casa; lo vio como ir a casa para estar con su Padre. Como él lo explica:

> "Estar ausente del cuerpo es estar en casa con el Señor".
> (II Corintios 5:8, paráfrasis del autor).

Esto me recuerda una conversación que tuve con mi hijo mayor justo antes de que se fuera de campamento. Esta era la primera vez que Dixon estaría fuera de casa por un periodo prolongado de tiempo. Compartí con él mi propia experiencia de ir de campamento por primera vez. Le dije que se le pasaría rápido el tiempo, y que a menudo pensaría en su casa. Que no importaba cuánto se estuviera divirtiendo, que en el fondo siempre esperaría con ansias el día que regresaría a casa. Finalmente, le expuse que cuanto más se acercara al final, más emocionado estaría porque sabría que pronto se iría a casa; y el hogar, por supuesto, es donde pertenece.

Esta es la forma en que Pablo vivió su vida. Mientras escribía desde la prisión en Filipos, sabía que la muerte no estaba muy lejos. Su emoción creció a medida que anticipaba su regreso a casa. Por supuesto, no debería sorprendernos que esta sea la forma en que Dios desea que vivamos también.

CANSADO Y CARGADO

Mientras me reúno y hablo con hombres y observo las luchas en sus vidas, me he dado cuenta de que todos, en el fondo, anhelamos las mismas cosas. Todos deseamos ser liberados de nuestros temores. Puede ser bastante agotador vivir cada día tratando de impresionar a otros, siempre preguntándonos: *¿Qué pensará la gente de mí?* Y aunque hacemos todo lo posible para desviar nuestros pensamientos del temor a la muerte, continuamente se nos recuerda que somos simples mortales, y que un día nuestras vidas llegarán a su fin. Llevamos esta carga invisible en silencio, sin saber realmente qué hacer con ella.

Jesús, con gran compasión, conoce y comprende nuestras cargas. Él ve nuestro dolor. La Biblia dice que Él nos ve como ovejas errantes por la vida sin pastor. Nos dice: "Vengan a Mí, todos los que están cansados y cargados, y Yo les daré descanso". Jesús nos conoce mejor que nosotros mismos. Él sabe que, en el fondo, cada uno de nosotros anhela una vida de contentamiento, donde nuestros corazones están en paz y nuestras vidas llenas de gozo.

8

UNA ESPERANZA TANGIBLE

Es algo terrible ver, pero no tener visión.
—Helen Keller

Helen Keller, una mujer sorda y ciega de nacimiento, sabía y entendía que lo único peor en la vida que ser ciego, era no tener una visión para tu vida. "Es algo terrible ver, pero no tener visión", dijo; y yo no podría estar más de acuerdo con ella.

Cuando un hombre, cualquier hombre, capta una visión de lo que su vida puede ser realmente, lo transforma. Una visión para la vida realmente cambia a un hombre y su respuesta hacia el mundo que lo rodea; lo cambia dramáticamente. Como dice Stephen Covey, "la visión crea consecuencias".

LA VIDA QUE PUDO HABER SIDO

Muchos hombres, particularmente frente a tiempos económicos difíciles, comienzan a reflexionar y a pensar seriamente sobre sus vidas. Aunque pueden haber tenido éxito en sus carreras, sienten que están a la deriva por la vida sin objetivos serios.

Quizá el mayor temor que expresan en estos momentos de frustración es que al final, les preocupa haber desperdiciado sus vidas. Parecen estar atormentados en el fondo de sus mentes por el pensamiento de "la vida que pudo haber sido".

Creo que todos llegamos a ciertas coyunturas en nuestras vidas en las que tememos que no hayamos marcado una diferencia real. En consecuencia, sentimos fuertemente la necesidad de hacer algún tipo de cambio; pero la mayoría de las veces, estas no son más que buenas intenciones, que no son de ningún beneficio real en sí mismas.

Un prominente líder de negocios se lamentó con Stephen Covey: "No he hecho ninguna diferencia, no les he enseñado a mis hijos a hacer una diferencia. Yo básicamente, he estado mirando pasar la vida desde el cerco de mi club campestre".

COMENZAR CON EL FINAL EN MENTE

Viktor Frankl, un destacado psiquiatra judío, sobrevivió a los campos de concentración nazis durante la Segunda Guerra Mundial. Frankl estaba desconcertado por el hecho de que algunos de sus compañeros de prisión se consumían y morían, mientras que otros permanecían fuertes y sobrevivían. Observó una serie de diferentes factores, pero finalmente concluyó que el factor más significativo era su sentido de visión para sus vidas. Los que sobrevivieron tenían una muy fuerte convicción motivadora de que todavía tenían algo importante que hacer con sus vidas. Frankl concluyó que fue el poder de esta visión lo que les daba ánimos para continuar.

Comparto esto porque, al observar a los hombres en el mundo de los negocios, me he dado cuenta cómo la mayoría de ellos viven de manera reactiva en lugar de proactiva. Sus vidas son poco más que una serie de reacciones a las circunstancias a las que se enfrentan cada día, en lugar de una vida proactiva basada en una visión de quiénes son y qué es lo que realmente quieren lograr. Claramente, no tienen ningún plan o estrategia reales para hacer que la vida se ajuste a sus sueños y metas. Anhelan una vida significativa, pero la mayoría no tienen la capacidad y, a veces, ni siquiera la motivación para ver más allá de su realidad presente. Pocos han desarrollado una visión para sus vidas, y esto explica por qué simplemente van a la deriva cada día.

Recientemente tuve la oportunidad de escuchar una entrevista con el Dr. Kevin Elko. El Dr. Elko es un psicólogo deportivo que trabaja con equipos de fútbol americano universitarios y profesionales, así como con muchas de las corporaciones más grandes del mundo. (Aquí en el sur es bastante popular, ya que trabajó de cerca con los equipos de fútbol americano tanto en la Universidad de Louisiana como en la Universidad de Alabama). En esta entrevista se le preguntó sobre el mensaje que transmite a sus clientes. Él dice que su mensaje es bastante simple: las personas deben elegir vivir en sus circunstancias o ser guiadas por una visión para sus vidas. Dice que la vida de la mayoría de las personas está controlada por sus circunstancias y, por lo tanto, permiten que las agendas de otras personas, así como sus propios hábitos personales, controlen sus vidas. También ha experimentado la realidad de que la mayoría de los hombres nunca establecen una visión que los guíe hacia el futuro.

Me di cuenta por primera vez de la importancia de esto, hace casi nueve años, cuando estaba considerando un cambio de carrera. Estaba revisando el libro de Stephen Covey, *Los siete hábitos de la gente altamente efectiva*, que había leído antes una vez. Cuando comencé a ver el segundo hábito — comenzar con el final en mente — fue como si un foco se hubiera encendido finalmente en mi mente.

Una Esperanza Tangible

Lo que esto significa es que, al considerar nuestras vidas y nuestros planes futuros, debemos comenzar con una comprensión clara de nuestro destino final. Covey sostiene que la mejor manera de hacer esto es pensar seriamente en el legado que dejamos. Nos pide que consideremos un experimento mental muy efectivo de asistir a nuestro propio funeral:

> Mientras tomas asiento y esperas a que el servicio comience, miras el programa que tienes en tu mano. Hay cuatro oradores, el primero es de tu familia, tanto inmediata cómo extendida – hijos, hermanos, hermanas, sobrinos, sobrinas, tías, tíos, primos y abuelos – quienes han venido de todo el país para asistir. El segundo orador, es uno de tus amigos, alguien que pueda dar una idea de cómo fuiste como persona. El tercer orador es alguien de tu trabajo o profesión. Y el cuarto, alguien de tu iglesia o de alguna organización comunitaria donde te has involucrado sirviendo.
>
> Ahora piensa profundamente ¿qué te gustaría que cada uno de estos oradores dijeran sobre ti y sobre tu vida? ¿Qué clase de esposo, esposa, padre o madre, te gustaría que reflejaran sus palabras? ¿Qué clase de hijo, hija o primo? ¿Qué clase de amigo? ¿Qué clase de compañero de trabajo?
>
> ¿Qué carácter te gustaría que hubieran visto en ti? ¿Qué contribuciones, qué logros te gustaría que recordaran? Mira cuidadosamente a las personas a tu alrededor. ¿Qué diferencia te gustaría haber hecho en sus vidas?

Covey cree que éste es el fundamento que nos va a permitir desarrollar una visión para nuestras vidas (o misión como le gusta llamarla). Una vez que desarrollamos una visión bien pensada, podemos comenzar a trazar un curso que asegurará que se convierta en realidad. En lugar de desperdiciar nuestras vidas y vivir reactivamente, ahora tenemos los criterios para medir todo lo que hacemos en la vida, incluidas nuestras prioridades, nuestras elecciones y el uso de nuestro tiempo.

CUESTIONES DEL ALMA

Desafortunadamente, la mayoría de nosotros no crecemos pensando en una visión para nuestras vidas. No pensamos mucho en el tipo de hombre en el que nos estamos convirtiendo porque estamos consumidos con lo que estamos logrando y lo que estamos experimentando el día de hoy.

Rara vez se nos enseña que la clave para experimentar una vida significativa es hacer una diferencia en la vida de los demás.

Rara vez se nos enseña que la clave para experimentar una vida significativa es hacer una diferencia en la vida de los demás. Muy rara vez un joven piensa seriamente en el valor del carácter, la sabiduría o las relaciones. Peter Drucker observó que la gran mayoría de los hombres no están preparados para la segunda mitad de la vida y no hay escuela o universidad que los prepare para ello.

Tal vez esto explica por qué muchos hombres entran a la edad adulta y simplemente siguen al rebaño (por lo que otros pensarán de nosotros si elegimos ser diferentes a los demás). El poeta E. E. Cummings lo expresó muy bien:

Una Esperanza Tangible

"Vivimos en un mundo que está haciendo todo lo posible, día y noche, para hacernos como todos los demás".

Y esto es, de hecho, lo que pasa con la mayoría de los hombres. Supongo que se podría decir que la mayoría de nosotros compartimos la misma visión; pero desafortunadamente, es la visión equivocada, una visión basada en cuán exitosos podemos ser en las dimensiones visibles y mensurables de la vida. Con el tiempo comenzamos a darnos cuenta de que no podemos dar sentido a todas las luchas que experimentamos, luchas privadas relacionadas con cuestiones internas y preguntas espirituales que nadie ve o de las que nadie habla.

Es como si viviéramos un yo dividido. Por un lado, tenemos nuestra vida pública exterior, que todo el mundo ve y nos juzga por ella. Es la parte de nuestra vida que nos sentimos obligados a manejar bien porque creemos que es la fuente de nuestro valor e identidad. Por otro lado, tenemos nuestra vida interior privada, donde lo que realmente sucede dentro de nosotros permanece oculto al resto del mundo.

Esta no es la vida que Dios tenía en mente para nosotros. Él no está interesado o impresionado con nuestros logros y éxitos públicos. Al contrario, le interesa el tipo de hombres en el que nos estamos convirtiendo. Él se preocupa más por el desarrollo de nuestros corazones y la madurez de nuestras almas.

La voluntad de Dios para nosotros es que seamos como Cristo. Esto no tiene nada que ver con ser religioso. De hecho, el problema con la religión es que no toca ni impacta nuestros corazones. Demasiados hombres de alguna manera han llegado a creer que el cristianismo simplemente involucra nuestro comportamiento externo, como ir a la iglesia, asistir a estudios bíblicos o dar donativos de caridad. Sin embargo, el verdadero cristianismo se enfoca en la vida interior, se trata de la vida de Dios obrando en el alma del hombre.

Y esto es tan crucial de entender: todas las luchas que tenemos como hombres provienen de problemas del alma. El alma es tan importante porque es el centro mismo de la vida de todo ser humano. Como Dallas Willard señaló: El alma de cada hombre es lo que dirige su vida en cualquier momento dado. Willard dice que el alma es *profunda* en el sentido de ser básica o fundamental, pero también en el sentido de que se encuentra casi totalmente más allá de nuestra consciencia.

Willard deja muy claro, sin embargo, que si vamos a estar sanos y tener nuestras vidas en orden, nuestras almas deben estar debidamente subordinadas a Dios.

Él dice que cuando nuestras almas están en una relación correcta con Dios, nosotros, como hombres estaremos *"preparados* para y seremos *capaces* de responder a las situaciones de la vida en maneras que son buenas y correctas".

En su nivel fundamental, el cristianismo es relacional – conocer a Jesús como una realidad viva –. Al conocerlo y profundizar nuestra relación con Él, comienza a tomar lugar un proceso de transformación. Es una transformación de nuestro corazón y alma, en nuestro núcleo, nuestro mismo centro. En los tiempos difíciles de hoy, buscamos cualquier cosa que nos haga sentir mejor – cualquier cosa que nos sane –. Dios, sin embargo, desea sanarnos, restaurarnos de forma que podamos convertirnos en los hombres que Él nos creó para ser. Y cuando esto suceda, tendrá un impacto en todas las áreas de nuestra vida.

LA RAZÓN DE LA VIDA

Los primeros filósofos griegos vivieron en el mismo periodo que algunos profetas del Antiguo Testamento. Los filósofos griegos de la

Una Esperanza Tangible

En los tiempos difíciles de hoy, buscamos cualquier cosa que nos haga sentir mejor — cualquier cosa que nos sane —. Dios, sin embargo, desea sanarnos, restaurarnos de forma que podamos convertirnos en los hombres que Él nos creó para ser.

época desarrollaron un concepto llamado *logos*. Es de donde proviene la palabra que en español significa *lógica*. En griego, la palabra logos literalmente significa "la palabra", pero tiene un significado secundario: "La razón para la vida". Los griegos creían que cuando uno encuentra su logos, su razón de ser, estaría completo, entero, íntegro. Entonces sería capaz de alcanzar su máximo potencial como persona.

El problema es que los griegos nunca pudieron ponerse de acuerdo sobre lo que comprendía el logos. Nunca pudieron construir una creencia unificada sobre la razón de la vida. En lugar de ser "la palabra", logos se convirtió en nada más que "sólo otra palabra más".

Por eso, Tim Keller dice, que el apóstol Juan, en las primeras palabras en el Evangelio de Juan, lanza una bomba sobre el mundo:

En el principio era el logos,
y el logos estaba con Dios,
y el logos era Dios.
Él estaba con Dios en el principio.
Todas las cosas llegaron a existir a través de Él.
Y fuera de Él nada llegó a ser,
que haya llegado a ser.
La vida estaba en Él,

*y esa vida era la luz de los hombres,
esa luz brilla en las tinieblas,
pero las tinieblas no lo vencieron.*
(Juan 1:1-5, paráfrasis del autor).

Dios nos está revelando que en el principio era el logos, la razón de la vida; y la razón de la vida era Dios, y la razón de la vida se convirtió en ser humano y habitó entre nosotros. Lo que dice Juan es que el logos, la razón de la vida, no era ni es un principio filosófico, como los griegos creían, sino que el logos es en realidad una persona, Jesucristo.

Cuando entramos en una relación con Él y verdaderamente llegamos a conocerlo y servirle, nos volvemos completos e íntegros. Encontramos un propósito superior por el cual vivir. Es en Jesucristo, en efecto, que descubrimos nuestra razón de ser.

EPÍLOGO

AL FINAL TODO CUENTA

El fracaso es simplemente la oportunidad para comenzar de nuevo, esta vez con más inteligencia.
—Henry Ford

LA PERSONA | RECUENTO

"Después de veinte años de escuchar los anhelos del corazón de las personas, estoy convencido de que el ser humano tiene un deseo innato de Dios. Ya sea que seamos conscientemente creyentes o no, este deseo es nuestro anhelo más profundo y nuestro tesoro más preciado".

—Dr. Gerald C. May

¿Recuerdas al constructor de *La Persona* en el cuento con moraleja de Gordon McDonald al principio de este libro? Bien, imaginemos que después de que *La Persona* naufragó en la tormenta, nuestro necio constructor sobrevivió. Las corrientes marítimas lo llevaron sobre un trozo de madera flotante, solo para llegar a una isla desierta perdida en una costa remota del océano; muy, muy lejos del mundo civilizado. Y sí, una vez que se encontró en la isla se dio cuenta qué tan frágil y solitaria puede ser la vida sin los demás.

DOS ALMAS PERDIDAS, UNA ENCONTRADA.

El autor de Eclesiastés nos recuerda que no hay nada nuevo bajo el sol. Sin embargo, cuando estamos dispuestos a buscar honestamente la verdad de la vida y con humildad estamos dispuestos a mirar a otros en busca sabiduría, a menudo encontramos grandes ejemplos y modelos para guiarnos en la dirección correcta.

Por mi parte, me gustaría cerrar este escrito recurriendo al generoso conocimiento y talento del profesor Doug Webster de Beeson Divinity School *("Escuela de Teología Beeson")*, quien escribió un ensayo muy poderoso que compartió conmigo. Este ensayo sirve para destacar las opciones que enfrenta nuestro necio constructor de *La Persona*, ahora que hemos imaginado que está vivo y luchando por sobrevivir en una isla desierta.

Webster nos presenta un brillante ejemplo a manera de contraposición, comparando dos clásicos conocidos de almas perdidas en islas desiertas – *Cast Away* ("Náufrago"), la película protagonizada por Tom Hanks, y la novela de Daniel Defoe, *Robinson Crusoe*. En el ensayo, reimpreso a continuación, Webster muestra cómo las respuestas distintivas de cada personaje, aunque enfrentan circunstancias similares, presentan un enfoque radicalmente diferente sobre cómo lidiar con las luchas en la vida:

En la película *Náufrago*, Tom Hanks interpreta a Chuck Nolan, un experto en eficiencia de FedEx. Su vida consiste en su trabajo y la relación con una novia. Justo antes de abordar un

Al Final Todo Cuenta

vuelo de FedEx al Pacífico Sur, él le propone matrimonio. Le da un beso de despedida y le asegura que volverá en una semana, pero su avión se estrella en una terrible tormenta y es arrastrado a una isla desierta. Él es el único sobreviviente, y una versión moderna de Robinson Crusoe. Las diferencias entre la película Náufrago y la novela de Daniel Defoe, *Robinson Crusoe*, ilustran la brecha entre la supervivencia y la salvación, entre una vida cristiana de fe y la forma moderna [secular] de ver la vida.

Es apropiado que *Náufrago* sea una película que analice la lucha de Chuck Nolan por sobrevivir, mientras que *Robinson Crusoe* es una novela que explora la mente y el alma de Crusoe. El medio mismo dice algo sobre la persona moderna. Eso no quiere decir que las novelas no representen a una personalidad moderna, pero en el caso de Robinson Crusoe, la novela captura su alma mejor de lo que una película podría. En Náufrago, vemos a una estrella de cine conocida representar un papel. Estamos pensando que Hanks se ve pasado de peso en la primera mitad de la película y unos veinticinco kilos menos en la segunda mitad de la película. Hacemos una nota mental de su cabello y barba decolorados. A partir de la extraña variedad de paquetes de FedEx que llegaron a la orilla, cuestionamos el valor de nuestro materialismo. Lo vemos intentar encender un fuego frotando palos y extraer un diente con la punta de un patín de hielo. Las únicas pistas reales sobre lo que tenía en mente [son] su hábito de ver la foto de su novia y sus intentos de dibujar su imagen en la pared de una cueva. Cuando el cuerpo del piloto fue arrastrado hacia la orilla, Nolan cava una tumba, no muy profunda, y sepulta el cuerpo. Lo vemos de pie ante el montículo, pero en lugar de orar, él comenta: "Eso es todo". La representación es totalmente unidimensional. Es una historia de supervivencia. El mayor indicio de que

La Verdadera Medida de un Hombre

Nolan es un ser relacional surge del humor y el patetismo de sus conversaciones con Wilson, concebidas cuando la huella de la mano ensangrentada de Nolan dejó una cruda huella de un rostro en una pelota de voleibol. El diálogo con Wilson es lo que la mente secular piensa de la oración: la oración no es una verdadera comunión entre Dios y el ser humano, sino un diálogo con nuestros propios pensamientos y sentimientos.

A medida que pasan los años, Nolan contempla el suicidio y cada vez parece más un hombre de las cavernas que un experto en eficiencia de FedEx. Apenas se aferra a la supervivencia. Finalmente, Nolan construye una balsa y navega hacia mar abierto, hacia una muerte casi segura, si no fuera por el golpe de suerte de ser descubierto por un buque petrolero. Llega a casa cuatro años después y encuentra a su prometida casada. Ha sobrevivido, pero no puede redimir los años y las relaciones perdidos. La película termina con Nolan parado en un crucero de cuatro esquinas en la franja más angosta de Texas, tan perdido y sin rumbo como lo estaba en su isla desierta del Pacífico Sur.

El contraste entre *Náufrago* y *Robinson Crusoe* no podría ser mayor. En la novela de Defoe, Crusoe emerge al final de sus casi tres décadas de aislamiento como una persona mucho más fuerte de lo que era al principio. Su experiencia en la isla desierta resultó invaluable. En la providencia de Dios, su vida solitaria lo llevó a examinarse a sí mismo. El sufrimiento abrió su corazón y su mente a Dios. Despojado de todo lo mundano, se vio así mismo como realmente era, "sin deseo del bien ni conciencia del mal". Empezó a lamentar su "necedad del alma" y su ingratitud hacia Dios. El dolor lo llevó a orar por primera vez en años, "Señor, sé mi ayuda, porque estoy muy angustiado". Cuando comenzó a preguntar: "¿Por qué Dios me ha hecho esto? ¿Qué he hecho yo para merecer esto?" su conciencia lo confrontó. "¡Miserable! ¡Pregunta qué has

Al Final Todo Cuenta

hecho! Mira hacia atrás, a una vida terriblemente mal gastada y pregunta qué has hecho. Pregunta, ¿por qué no has sido destruido mucho antes de esto?".

Robinson Crusoe es mucho más que una historia de supervivencia. Es una historia sobre la salvación. Al igual que el hijo pródigo, quien se marchó a un país lejano, despilfarró su herencia, pero volvió en sí, Crusoe quedó profundamente convencido y consciente de su maldad. Cuando buscó sinceramente la ayuda del Señor para arrepentirse de sus pecados, providencialmente llegó a las palabras de la Biblia: "Dios lo exaltó a Su diestra como Príncipe y Salvador, para dar a Israel arrepentimiento y el perdón de sus pecados" (Hechos 5:31). Él describe su reacción: "Tiré el libro, y con todo mi corazón y mis manos levantadas al cielo, en una especie de éxtasis de gozo, grité muy fuerte: 'Jesús, Hijo de David, Jesús, Tú, exaltado Príncipe y Salvador, ¡dame arrepentimiento!'". En lugar de orar por liberación física, oró por el perdón de sus pecados. La liberación del pecado era "una bendición mucho mayor que la liberación de la aflicción".

Él [Robinson Crusoe] llegó a la sobria conclusión de que la transformación de su alma significaba mucho más para él que su liberación del cautiverio. "Empecé a concluir en mi mente, que era posible para mí ser más feliz en esta condición solitaria y abandonada de lo que probablemente hubiera sido en cualquier otra situación en otra parte del mundo; y con este pensamiento iba a dar gracias a Dios por traerme a este lugar". En lugar de un lento temeroso descenso a la desesperación, Crusoe experimentó la gracia de Dios. Leía su Biblia y oraba diariamente. Plantó cultivos, hizo muebles, horneo pan, construyó una canoa, y estableció una vida ordenada y disciplinada. Vivió una vida de misericordia, no de tristeza, y su objetivo singular fue "que la misericordia de Dios tenga un sentido personal para mí".

El mensaje de *Náufrago* es que la vida es una lucha solitaria por supervivencia alimentada por el espíritu humano y el yo existencial. El amor, en particular el amor romántico, puede ser un gran motivador, pero las relaciones a menudo son decepcionantes y no duraderas. La soledad y el aislamiento exponen los mitos de la vida moderna, y al final estamos sin dirección. El mensaje de *Robinson Crusoe*, es que la vida es una lucha en nuestra alma entre nuestra autonomía y la voluntad de Dios, y solo puede resolverse por la gracia y la misericordia de Dios. Fuera de la gracia salvadora del Señor Jesucristo, no hay esperanza, pero con Cristo podemos experimentar una vida abundante incluso en la aflicción y el sufrimiento.

¿LA VERDADERA MEDIDA DE UN HOMBRE?

Muchos hombres abordan las circunstancias dolorosas en sus vidas, como eventos que necesitan sobrevivir. Nuestra actitud generalmente es: "Una vez que supere esto, entonces mi vida estará bien otra vez y entonces seré feliz". En el proceso, vivimos nuestros días permitiendo que las circunstancias impredecibles de la vida dicten nuestra sensación de bienestar. Para la mayoría de nosotros la vida se convierte en una montaña rusa estresante y agotadora. Así que seguimos adelante, sin nunca entender realmente, desconectados de la verdad de la vida.

Sin embargo, Dios nunca planeó esto para nosotros. Al igual que Robinson Crusoe, Dios está tratando de hacer un despertar espiritual en cada uno de nosotros a través de las dolorosas batallas de la vida. Como Tim Keller ha observado, muchos hombres conocen a Dios únicamente a través de una experiencia en el desierto. Nos encontramos en el desierto (o siendo arrastrados a una isla desierta), y reconocemos que estamos absolutamente solos en un entorno severamente duro.

Es a través de esta experiencia en el desierto que finalmente nos damos cuenta del hecho de que siempre hemos considerado como nuestra última esperanza aquello que nos ha impulsado y motivado; que esa única cosa que nos hace sentir como verdaderos hombres nos ha abandonado. Nos ha defraudado; ya no se puede confiar en ella como nuestra fuente de significado y seguridad. No obstante, estar en el desierto puede ser una de las grandes bendiciones de la vida porque es únicamente ahí, en ese desierto, que finalmente discernimos lo que es verdad, lo que es real y lo que es la auténtica existencia humana.

Como finalmente llegó a reconocer Robinson Crusoe con gran claridad, conocer personalmente a Jesucristo significó mucho más para él que ser liberado de la isla. Porque en Cristo encontró una vida de armonía y contentamiento – es la vida que él siempre había estado buscando, y la encontró en el desierto –.

BIBLIOGRAFÍA

La gratitud no solo es la mayor de las virtudes, sino la madre de todas.

—Marcus Tullius Cicero

Así como se necesita un pueblo para crear un buen ciudadano; se necesitan muchas y diversas perspectivas en muchos libros excelentes para crear un diálogo social que realmente importe. El autor quisiera expresar su especial agradecimiento y gratitud a varias personas por conceder permiso de usar sus palabras para apoyar y sostener este escrito: Gordon MacDonald, Drayton Nabers Jr., y Doug Webster.

Y, como cualquier escrito y aprendizaje cultural, cristiano o secular, el autor reconoce humildemente que él también simplemente se apoya sobre los hombros de aquellos que lo precedieron. El autor también quisiera expresar su profundo agradecimiento a las muchas personas, cuyos escritos han servido de base para este libro.

La Verdadera Medida de un Hombre

Anders, Max, General Editor; Moore, David George and Akin, Daniel L., Authors. *Holman Old Testament Commentary, Ecclesiastes, Song of Songs, Holman Reference*. Nashville: Broadman and Holman Publishers, 2003.

Blue, Ron and White, Jeremy. *Surviving Financial Meltdown: Confident Decisions in an Uncertain World*. Cambridge: Tyndale House, 2009.

Boorstin, Daniel J. *The Image: A Guide to Pseudo-Events in America*. Vintage Books Edition, 1992

Brand, Dr. Paul, and Yancey, Phillip. *Pain: The Gift Nobody Wants*. New York: Harper Collins Publishers, Zondervan, 1993, 68.

Buford, Bob, *Stuck in Half Time: Reinvesting Your One and Only Life*, Grand Rapids: Zondervan Publishing House, 2001, 132-133; and *Finishing Well: What People Who Really Live Do Differently!* Nashville: Integrity Publishers, 2004.

Collins, Jim. *Good to Great: Why Some Companies Make the Leap and Others Don't*. New York: HarperCollins Publishers, HarperBusiness, 2001, 21, 22, 28, 29.

Colson, Charles. *Kingdoms in Conflict*. Grand Rapids: Zondervan Publishing House, 1987, 68.

Covey, Stephen R. *The Seven Habits of Highly Effective People: Restoring the Character Ethic*. New York: Simon & Schuster, Inc., A Fireside Book, 1989; and with A. Roger Merrill and Rebecca R. Merrill. *First Things First: To Live, to Love, to Learn, to Leave a Legacy*. New York: Simon & Schuster, 1994, 50.

Crabb, Lawrence J. Jr. *Effective Biblical Counseling*. Grand Rapids: Zondervan Publishing House, Ministry Resources Library, 1977, 61; and with Don Hudson and Al Andrews, *The Silence of Adam: Becoming Men of Courage in a World of Chaos*, Zondervan Publishing House, 1995.

Flynt, Wayne "Depression déjà vu for Birmingham." *Birmingham News* (March 22, 2009).

Bibliografía

Foster, Richard J. *Celebration of Discipline: The Path to Spiritual Growth*, Revised Edition. New York: HarperCollins Publishers, Harper-SanFrancisco, 1988.

Helliker, Kevin. "You Might as Well Face It: You're Addicted to Success." *The Wall Street Journal* (February 12, 2009), Health Journal.

Keller, Tim. Selected Sermons: "Man in the Wilderness," 1/8/06; "The Wellspring of Wisdom," 9/26/04; "Work and Rest," 3/23/03; "Sickness Unto Death," 9/14/03; and "The Search for Pleasure," 9/20/98.

Larson, Craig Brian. *750 Engaging Illustrations: For Preachers, Teachers, & Writers*. Grand Rapids: Baker Books, 2002, 478.

Lewis, C.S. *The Chronicles of Narnia, Book Six, The Silver Chair*. New York: Harper Trophy, HarperCollins Publishers, 1953; *Mere Christianity: An Anniversary Edition of the Three Books: The Case for Christianity, Christian Behaviour, and Beyond Personality*, edited and with an introduction by Walter Hooper. New York: Macmillan Publishing Co., Inc., 1952, 102; and *The Screwtape Letters With Screwtape Proposes a Toast*. New York: Macmillan Publishing Co., Inc., 1961, 68-71.

MacDonald, Gordon. *The Life God Blesses: Weathering the Storms of Life That Threaten the Soul*. Nashville: Thomas Nelson Publishers, 1994, xx-xxiii.

Manning, Brennan and Hancock, Jim. *Posers, Fakers, & Wannabes (Unmasking the Real You)*. Colorado Springs: Navpress, Think Books, 2003.

Marx, Jeffery. *Seasons of Life: A Football Star, A Boy, A Journey to Manhood*. New York: Simon & Schuster, 2003, 70-73.

Miller, Arthur. *Death of a Salesman*. New York: Viking Press, Inc., Viking Compass Edition, 1949, 138.

Miller, Donald *Searching for God Knows What*. Nashville: Thomas Nelson, Inc., 2004.

Moore, Peter C. *Disarming the Secular Gods: How to Talk So Skeptics Will Listen.* Downers Grove, IL: InterVarsity Press, 1989, 187-188.

Morris, Thomas V. *Making Sense of It All: Pascal and the Meaning of Life.* Grand Rapids, MI: William B. Eerdmans Publishing Company, 1992, 74.

Muggeridge, Malcolm, *A Third Testament.* Ballantine Books, 1976, 59.

Nabers, Drayton Jr. *The Case for Character: Looking at Character from a Biblical Perspective.* Tulsa, OK: Christian Publishing Services, 2006, 86-87.

Nicholi, Dr. Armand M. Jr. *The Question of God: C. S. Lewis and Sigmund Freud Debate God, Love, Sex, and the Meaning of Life.* New York: Free Press, 2002, 115-116.

Peck, M. Scott, M.D. *The Road Less Traveled: A New Psychology of Love, Traditional Values and Spiritual Growth.* New York: Simon and Schuster, A Touchstone book, 1978.

Postman, Neil. *Amusing Ourselves to Death: Public Discourse in the Age of Show Business.* New York: the Penguin Group, Penguin Books, 1986, vii-viii.

Rice, P. Brian. "Leadership Training," *Harvard Business Review,* The Leading Edge, LWCC, York, Pennsylvania.

Scelfo, Julie. "Men and Depression: Facing Darkness." *Newsweek* (February 26, 2007), 43.

Smith, Malcolm. Lecture Series, "The Search for Self Worth."

Solzhenitsyn, Alexander. *Gulag Archipelago II.* New York: Harper and Row, 1974, 613-615

Thrall, Bill with Bruce McNicol and John Lynch. *TrueFaced, Trust God and Others with Who You Really Are.* Colorado Springs: NavPress, 2004, 33.

Thurman, Chris, Dr. *The Lies We Believe.* Nashville: Thomas Nelson, 1999, 32-33.

Bibliografía

Wells, David F., *Losing Our Virtue: Why the Church Must Recover Its Moral Vision*, William B. Eerdmans Publishing Company, 1998, 102.

Will, George. *The Washington Post* (July, 1990).

Willard, Dallas, *Renovation of the Heart: Putting on the Character of Christ*, NavPress, 2002,199.

Yancey, Philip. *Where Is God When It Hurts?: A Comforting, Healing Guide for Coping with Hard Times*. Grand Rapids, Zondervan Publishing House, 1997, 142.

Zacharias, Ravi. *A Shattered Visage: The Real Face of Atheism*. Brentwood, TN: Wolgemuth & Hyatt, Publishers, Inc., 1990, 141.